AF344047

ESSAI

SUR LA LÉGISLATION

DES PEUPLES ANCIENS ET MODERNES

RELATIVE

AUX ENFANTS NÉS HORS MARIAGE.

Extrait de la *Revue Étrangère et Française*
de Législation, de Jurisprudence et d'Économie politique, publiée à Paris
par MM. Fœlix, Duvergier et Valette, tome IX, 1842,
éditée par Joubert, libraire de la Cour de cassation.

PARIS. — IMPRIMERIE DE FAIN ET THUNOT,
IMPRIMEURS DE L'UNIVERSITÉ ROYALE DE FRANCE,
Rue Racine, 28, près de l'Odéon.

ESSAI

SUR LA LÉGISLATION

DES PEUPLES ANCIENS ET MODERNES

RELATIVE

AUX ENFANTS NÉS HORS MARIAGE;

SUIVI

DE QUELQUES OBSERVATIONS D'ÉCONOMIE SOCIALE
SUR LE MÊME SUJET.

PAR M. L.-J. KŒNIGSWARTER,

DOCTEUR EN DROIT,
MEMBRE DE LA SOCIÉTÉ ROYALE DES ANTIQUAIRES
DE FRANCE.

PARIS.

JOUBERT, LIBRAIRE DE LA COUR DE CASSATION,
RUE DES GRÈS, 14, PRÈS DE L'ÉCOLE DE DROIT.

1842

L'enfant né hors mariage, ce paria de la société ancienne et moderne, m'a paru être un sujet d'étude aussi intéressant pour le législateur que pour l'homme d'état et le publiciste, d'autant plus qu'il n'avait jamais été traité de ce point de vue.

Le travail que je publie aujourd'hui, rachètera, j'espère, les défauts de la forme par l'intérêt du fond. Que le public l'accepte avec bienveillance !

L.-J. KOENIGSWARTER,

Docteur en droit,

Membre de la Société royale des Antiquaires de France.

Paris, novembre 1842.

TABLE DES MATIÈRES.

AVANT-PROPOS.

Il n'y a pas dans les lois civiles de partie plus importante et plus intéressante à la fois que celle qui règle
les rapports de famille. C'est dans ce cercle que nous
avons choisi le sujet du présent essai. L'union de
l'homme et de la femme est et a toujours été le principe
de la famille : mais cette union n'a pas eu la même signification chez tous les peuples ; elle a commencé par
la polygamie légale, qui s'est transformée en une polygamie tolérée, jusqu'à ce qu'enfin le principe monogame
se soit développé dans toute sa sévérité, et que le dogme
de l'Église catholique l'ait imposé au monde civilisé.
Ces différentes phases ont dû avoir une influence im-
mense sur le sort des enfants illégitimes ; car leur position ne pouvait se dessiner nettement que depuis
l'avénement du principe monogame. Là où les lois admettaient la pluralité des femmes, le sort de tous les
enfants était à peu près le même ; mais dès qu'il n'y eut
qu'*une* épouse et des concubines, le sort des bâtards devint plus dur, et leur séparation d'avec les autres enfants
plus tranchée. De là il suit que jamais les enfants naturels n'ont été dans une position plus malheureuse qu'au
moyen âge ; car le droit germanique et le droit canonique étaient également rigides sur la question du mariage.

Le système naturel, c'est-à-dire celui qui reconnaît,

même hors mariage, une filiation naturelle, et donne aux enfants illégitimes une position quelconque dans la famille, position qui se traduit par une part éventuelle dans la succession de leurs parents, est celui qui commence à prévaloir aujourd'hui dans les législations modernes.

Nous avons divisé cet essai en trois parties : la première contient la législation historique, c'est-à-dire celle des peuples de l'antiquité et du moyen âge ; la seconde présente un tableau comparé de toutes les lois civiles existantes chez les peuples de l'Europe, et dans quelques États du nouveau continent ; enfin, dans une troisième partie, nous avons discuté quelques questions de législation générale et d'économie sociale qui tenaient trop étroitement à notre sujet pour que nous pussions nous dispenser d'y consacrer quelques pages.

Loin de prétendre avoir épuisé une matière aussi importante, nous avons pensé que cet essai ne ferait qu'ouvrir la route à ces monographies qui, faisant la gloire des plus grands jurisconsultes d'outre-Rhin, sont restées à peu près inconnues jusqu'à ce jour dans notre belle et savante France.

I. Partie historique. — *Législations anciennes.*

§ 1. Droits des enfants nés hors mariage chez les anciens peuples de l'Asie. — Indiens. — Chinois. — Hébreux. — Arabes. — Perses.

Selon les lois de Manou, les plus anciennes lois des Indiens, celles qui forment la base de leur organisation religieuse et civile, il y avait huit formes de mariage. Dans quatre de ces unions le père intervenait pour donner sa fille, et les enfants qui en étaient issus devaient être savants, beaux et célèbres ; dans les autres, au contraire, les enfants étaient cruels, menteurs, et

haïssaient les dieux [1]. Ces différentes formes de mariage
étaient liées au système des castes, et les droits hérédi-
taires des fils variaient selon la caste à laquelle appartenait leur mère. Indépendamment de cette variété de fils
légitimes, les lois de Manou s'occupent aussi des fils
nés de la concubine; ceux-ci héritaient, en général,
de la moitié d'une portion légitime, s'ils concouraient
avec un ou plusieurs descendants. Toutefois le fils de
la concubine d'un individu de la caste de Sudra, la dernière de toutes, héritait tout à fait comme un fils légitime [2].

Mais le fils de la concubine venait recueillir toute la
succession paternelle, s'il n'y avait ni femme, ni descendants légitimes, jusqu'au degré d'arrière-petit-fils,
de manière qu'il était préféré à tous les descendants au
delà de la troisième génération, ainsi qu'à tous les ascendants et collatéraux.

Pour expliquer cette position favorable des enfants
naturels, il faut en premier lieu considérer l'état de polygamie dans lequel vivaient les Hindous. Nous verrons, en effet, dans le cours de cet essai, que les enfants
naturels ont été favorisés là où régnait la polygamie, et
que par contre leurs droits ont été d'autant plus limités
que le principe monogame a acquis plus de consistance.
Mais, indépendamment de cette considération générale,
il faut recourir au principe de la succession des Hindous pour expliquer la position que les enfants de la
concubine occupaient dans l'ordre des héritiers *ab intestat*.

---

[1] Manou, III, 21-34, 41.
[2] *Code of Gentoo Laws*. London, 1776, p. 84. *Mill, History of Bri-
tish India*, I, 148.

Quand un père de famille meurt, le vœu de la loi et de la religion des Hindous est que la famille reste unie aussi longtemps que la veuve est en vie, et qu'il n'y ait de partage de la succession qu'autant que celle-ci l'exige [1]. Dans ce cas, les descendants sont appelés à hériter, mais jusqu'à la troisième génération seulement, et non à l'infini, comme chez les peuples de l'Occident. Cette singularité tient à ce que le droit de succéder est intimement lié dans ces lois avec le devoir des sacrifices à faire aux mânes de ses parents défunts, qui se trouvent délivrés de cette manière des tourments de l'enfer. Parmi ces sacrifices, les plus sacrés sont ceux qu'exigent les mânes du père, de l'aïeul et du bisaïeul paternels; car, avant d'avoir rempli ce devoir, nul ne peut songer à jouir du bonheur éternel [2]. C'est pourquoi la succession *ab intestat* des descendants ne s'étend pas à l'infini, mais s'arrête à l'arrière-petit-fils pour faire place aux ascendants et collatéraux.

En effet, après le sacrifice de l'arrière-petit-fils, celui du père et du frère est le plus agréable aux dieux. Cependant, avant d'être déférée aux ascendants, la succession est attribuée à la veuve, et, à défaut d'elle, au fils de la concubine [3].

Dans les lois chinoises, la dignité et le rang du père échoient au premier né seul de la femme principale; mais les biens du père sont partagés également entre tous les fils sans distinction de mère ni d'âge [4].

Selon le témoignage de Diodore de Sicile [5], les Égyp-

---

[1] Manou, IX, 104. *Code of Gentoo Laws*, p. 86. *Mill*, I, p. 146.

[2] Manou, IX, 148 et suiv.

[3] *Code of G. L.*, p. 84. Manou, IX, 148 et suiv.

[4] Gans, I, p. 118, 121.

[5] Diod. de Sicile (*éd. Wesseling, Amsterdam, 1746*), p. 91.

tiens, chez qui toutes les castes, excepté celle des prêtres, vivaient en polygamie, ne faisaient point de distinctions entre les enfants légitimes et illégitimes [1].

Chez les Hébreux il existait une différence entre l'é-
pouse principale et les concubines, qui étaient souvent
les servantes ou esclaves de la première ; mais, quant
aux enfants issus d'elles, il n'y avait pas la moindre
différence : tous étaient également légitimes et capa-
bles de succéder. Cependant il y a des exemples con-
traires : Abraham chasse Agar et son fils Ismaël ; son
autre fils Isaac hérite de tous ses biens, tandis que les
enfants issus des servantes n'obtiennent que des dons [2].
Cette exception s'explique peut-être parce qu'Abraham
était une espèce de prince ou chef de tribu, et qu'Isaac
était celui qui devait lui succéder dans sa dignité et son
pouvoir. Nous voyons, au contraire, le patriarche Ja-
cob ordonner que les enfants de ses concubines aient
des droits égaux à ceux de ses fils qu'il a eus de ses
femmes légitimes Lia et Rachel. La volonté du père de
famille paraît avoir été la suprême loi.

Le droit postérieur contenu dans le Talmud, déclare
expressément que tous les enfants, même ceux qui sont
nés d'une réprouvée, doivent partager également : sont
exceptés cependant les enfants issus de femmes ou servantes étrangères [3].

De même, on ne trouve, soit dans les mœurs des anciens Arabes et des anciens Perses, soit dans le Coran
et le *Zend-Avesta*, aucune distinction entre les enfants

---

[1] *Struvius, Jurisprud. heroica, pars III, cap. VI, sect. I,* § 39.

[2] Genése, XXI, 10, 14, 24, 36. XXV, 5, 6.

[3] Gans, *Das Erbrecht in weltgeschichtlicher Entwickelung* (Le
Droit de succession développé sous le point de vue de l'histoire générale), vol. I, pag. 164.

nés des diverses femmes sous le rapport de leurs droits successoraux. Aujourd'hui même, chez les Turcs, un enfant naturel, reconnu par son père, a un droit légal sur la succession. (*V.* De Gouroff, *Recherches sur les enfants trouvés*, I, p. 170.) Mais ce qu'il importe de remarquer chez ces peuples, c'est la limitation progressive de la polygamie. Les lois de Moïse permettaient plutôt qu'elles n'encourageaient cette institution, que le grand législateur avait trouvée peut-être trop enracinée dans les mœurs de son peuple pour la heurter de front ; mais la loi imposée au grand-prêtre de ne prendre qu'une femme [1], et la défense faite aux rois futurs d'Israël d'avoir un trop grand nombre de concubines, sont des preuves incontestables du désir de resserrer la polygamie *dans de plus étroites limites*. Les talmudistes ont plus tard fixé le nombre des femmes [2] ; de même, le Coran limite le nombre des femmes à quatre [3], ce qui toutefois n'apporte aucune atteinte à la faculté d'avoir des concubines. Le Prophète lui-même avait la permission de l'ange Gabriel de dépasser ce nombre [4]. Chez les anciens Perses, où la religion exigeait la procréation d'enfants pour éviter les peines de l'autre vie [5], le mariage légitime, et surtout celui avec les plus proches parentes, était recommandé par le *Zend-Avesta* [6].

---

[1] Argum. *e contrario* du Lévit., XXI, 13.

[2] *Seldan, de Uxore hebraica*, p. 45.

[3] Alcoran, sura, IV, v. 3.

[4] Alcoran, sura XXXIII, v. 47 et s.

[5] Zend-Avesta, I, p. 102 et 286.— Strabon (T. V, liv. 15, p. 155) raconte que les rois de Perse proposaient des prix pour ceux qui auraient le plus d'enfants.

[6] *Ibidem*, I, 110, 161.

Dans le cas où il y avait des enfants de la première femme, les unions ultérieures étaient superflues et peu agréables aux dieux ; mais elles devenaient nécessaires quand la première femme était stérile [1]. C'est donc le *Zend-Avesta* qui, de toutes les anciennes lois de l'Orient, s'est rapproché le plus du principe monogame, sans cependant avoir la force de l'ériger en règle. Quant aux unions illégitimes, aucune religion, aucune législation de l'Asie ne contenait des défenses aussi réitérées que les lois de Zoroastre [2] ; mais on n'y trouve rien sur le droit des enfants nés de ces unions, car le *Zend-Avesta* garde le silence sur le droit de succession. Si l'on en juge par l'esprit qui y règne, leur position ne pouvait guère être favorable.

§ 2. Droit grec.

C'est aux lois d'Athènes qu'on est obligé d'avoir recours chaque fois qu'on veut faire des recherches sur le droit privé de l'ancienne Grèce ; c'est Athènes qui a occupé le premier rang dans la civilisation hellénique ; ce sont ses orateurs qui nous ont légué sur leurs mœurs et leurs lois des notions telles qu'il nous est impossible d'en avoir de semblables sur la législation des autres peuples grecs ; et encore combien de travaux et de veilles a-t-il fallu pour arriver à ce que nous possédons aujourd'hui sur le droit de la patrie de Périclès !

Chez les Athéniens, le mariage, depuis le temps de Cécrops, a été monogame, et ce principe se trouve chez tous les peuples grecs [3]. A Athènes, un mariage légi-

---

[1] Zend-Avesta, III, 230.

[2] Zend-Avesta, II, 365. et 119.

[3] D. J. Van Stegeren, *De conditione civili feminarum Athenien-*

time ne pouvait être contracté qu'entre un citoyen et
une citoyenne d'Athènes ; quelquefois cependant le
droit (Ἐπιγαμία, *jus connubii*) était concédé à d'autres
cités, ou à des individus étrangers, en récompense de
leurs services envers la république [1].

Les concubines (παλλακίς, ἑταίραι) apparaissent cependant à côté de la femme légitime (μία ἀστή καὶ ἐγγυητή) ;
mais il n'y a ni mariage ni dot ; le fils né de cette
union ne peut être introduit dans les phratries, et par
conséquent devenir un membre de la famille : la fille ne
peut épouser un citoyen d'Athènes ; en un mot, les enfants illégitimes, νόθοι, c'est-à-dire ceux qui sont nés
d'un père citoyen, mais hors d'un mariage légitime,
n'ont aucun droit de parenté avec la famille paternelle.
Démosthènes (p. 1067, chez Isæus, p. 147) dit : Νόθον
μηδὲ νόθης μὴ εἶναι ἀγχιστείαν μήτε ἱερῶν μήτε ὁσίων. Les enfants
nés d'un père étranger, quoique d'une mère citoyenne,
n'étaient pas νόθοι, mais ξένοι, c'est-à-dire étrangers.

Les νόθοι étaient complétement exclus de la succession ;
car, n'étant point introduits dans la phratrie, ils n'étaient unis par aucun lien à la famille, et ne pouvaient
par conséquent exercer le droit d'héritier. Une loi de
Solon, citée chez Aristophane (*in Avibus*), dit formellement : Νόθω μὴ εἶναι ἀγχιστείαν, παίδων ὄντων γνησίων. Ἐὰν παῖδες
μὴ ὦς', γνήσιοι τοῖς, ἐγγυτάτω του γένους με τεῖναι τῶν χρημάτων.
Il résulte de la dernière phrase, que les enfants naturels,
à défaut de descendance légitime, avaient pour héritiers leurs parents les plus proches.

Une question grave est de savoir si on pouvait légi-

---

ium secundum juris attici principia. Zwollæ, 1839, cap. II, § 1,
p. 62-63.

[1] *Ibidem.* p. 64.

timer le νόθος. Un savant Allemand, distingué par ses recherches sur le droit athénien, M. Platner [1], conteste toute trace de légitimation, tandis que le célèbre professeur Gans [2] démontre son existence par un endroit de l'orateur Isæus [3], où nous voyons un père introduire son enfant naturel dans la phratrie, qui lui donne des droits de succession, mais seulement après le consentement du fils légitime, et à condition que la portion héréditaire sera moindre que celle de ce dernier. Nous ne pouvons admettre cette preuve comme suffisante pour constater la légitimation des enfants naturels dans les lois d'Athènes. Ce qui est plus certain, c'est qu'il y avait une loi à Athènes qui défendait au père de famille de léguer à ses fils naturels au delà de cinq mines [4].

Les ἑταῖραι formaient une classe à part de femmes, et vu la plus grande liberté dont elles jouissaient dans la vie sociale, de laquelle les matrones se trouvaient exclues, elles étaient beaucoup plus attrayantes [5], et par suite étaient fort recherchées par les Athéniens. Cependant les lois de Solon leur imposaient des habits particuliers, des siéges séparés dans les jeux publics ; elles leur défendaient d'avoir les mêmes noms que les femmes honnêtes, et leur faisaient payer une espèce de patente (πορνικὸν τέλος). Enfin les enfants de ces ἑταῖραι étaient exempts de l'obligation généralement imposée aux

---

[1] *Beitrage zur Kenntniss des Attischen Rechts*, Marburg, 1820, p. 122 et s.

[2] Dans son important ouvrage : *Das in Erbrecht in weltgeschichtlicher Entwicklung*, vol. I, p. 319 et s.

[3] *Suprà hæreditatem Philoctemonis*, p. 185.

[4] *Schol. ad Aristophan.*, Aves, 1665.

[5] Qui ne connaît pas les noms d'Aspasie, de Phryné, de Laïs, adorés dans toute la Grèce ?

enfants, de nourrir leur père dans sa vieillesse[1]. Du reste, le nombre des bâtards était considérable à Athènes[2], et ils étaient méprisés dans l'opinion publique. Ils faisaient leurs exercices dans un endroit particulier, le Cynosargue, qui était un temple consacré à Hercule; on se rappelle qu'Hercule lui-même était réputé bâtard[3].

§ 3. Droit romain.

Les jurisconsultes romains divisaient les enfants nés hors mariage en trois classes distinctes : 1° ceux qui étaient nés d'une concubine (*liberi naturales*), et qui seuls pouvaient être légitimés; 2° ceux qui étaient issus d'une femme de basse condition, avec laquelle le père n'avait eu aucune liaison stable (*spurii*[4], *vulgo quæsiti*); enfin, 3°, les enfants nés d'une union prohibée par les lois (*ex damnato coitu*), tels que ceux qui étaient issus d'un adultère ou d'un inceste (*adulterini*, *incestuosi*). Mais cette distinction et les divers degrés d'faveur que la loi attachait aux diverses classes d'enfants illégitimes, datent d'un âge plus récent de l'histoire romaine, et surtout de l'époque où le concubinat com-

---

[1] D. J. Van Stegeren, *De conditione domesticá feminarum Atheniensium*. Zwollæ, 1839, cap. VI, § 1.

[2] *Dio Chrysost.*, *Orat.* 15, *de servit. et libert.*, p. 236.

[3] Suidas, *in voce*. Plutarque, *Vie de Périclès*.

[4] *Gaius*, Inst., I, § 64, fait dériver le mot *spurius* du grec σπορά. Plutarque (*Quest. Rom.*, p. 288) prétend qu'on désignait les enfants naturels avec les deux lettres S. P. (*sine patre*), et comme le prénom romain *Spurius* s'écrivait également avec ces deux initiales, on aurait, par confusion, donné le nom de *spurius* à tous les enfants naturels. — V. encore sur l'étymologie de ce mot *Ægid. Menagius*, Amœn. jur. civ., c. 34, p. 35.

mença à devenir une institution légale. Le point de départ de la famille est partout et sera toujours le mariage. Il en était ainsi chez les Romains ; et ceux qui ont considéré le pouvoir du *pater familias* comme la base de la famille romaine[1], ont pris une conséquence pour une cause : « *Pater est quem nuptiæ demonstrant.* » Nous avons vu au paragraphe précédent que les Grecs, tout en reconnaissant le principe monogame du mariage, avaient cependant gardé un reste de polygamie, en permettant la juxtaposition de la femme légitime et de la παλλακίς. Les Romains ont l'honneur d'avoir dégagé le principe monogame du mariage de tout élément étranger. « *Nuptiæ sunt conjunctio maris et feminæ et consortium omnis vitæ, divini et humani juris communicatio*[2]. » « *Matrimonium est viri et mulieris conjunctio, individuam vitæ consuetudinem continens*[3]. »

Le concubinat, comme institution reconnue par les lois, ne date, chez les Romains, que des premières années de l'empire. Il était né de la corruption des mœurs et des fréquentes prohibitions du mariage entre les individus de différentes conditions. Le législateur fut contraint, d'abord de le tolérer, et ensuite de le reconnaître formellement. A dater de l'empire, le concubinat devint une institution légale. Nulle forme n'était exigée, et la seule volonté des parties suffisait pour le créer comme pour le dissoudre[4] ; la concubine n'était pas, à l'instar de la femme légitime, l'égale de l'homme

---

[1] Koenen, *De patriâ potest. et statu familiæ principiorum juris romani fonte præcipuo,* Amstelodami, 1831.

[2] Fr. 1, D. *de ritu nupt.* (23, 2).

[3] § 1, *Inst. de patr. pot.* (1, 9).

[4] Fr. 4, D. *de concub.* (25, 7).

avec lequel elle vivait; elle ne faisait que partager son lit, sa table et ses affections; aussi la *mulier ingenua et honesta* ne pouvait-elle devenir une concubine [1]. Cependant cette institution n'avait porté aucune atteinte au principe homogène; car personne ne pouvait avoir une concubine, s'il était uni par un mariage légitime, et il était également défendu d'entretenir plusieurs concubines à la fois [2]; enfin la parenté était un empêchement qui s'opposait au concubinat, comme au mariage légitime [3].

Les droits des enfants illégitimes ont subi sous la législation romaine les modifications qui devaient nécessairement résulter de la marche même de la succession *ab intestat*; d'abord tout artificielle et basée sur le pouvoir du *paterfamilias*, elle finit par être toute naturelle, c'est-à-dire qu'elle eut pour bases le lien du sang et les affections de famille.

La législation des XII Tables ne reconnaissait le droit de succéder *ab intestat* qu'aux *sui heredes* (c'est-à-dire aux enfants actuellement au pouvoir du *paterfamilias*), puis aux agnats et aux gentils, et excluant ainsi toute succession basée sur la cognation ou lien du sang, ne donnait aucun droit aux enfants nés hors mariage. N'ayant jamais été sous la puissance du *paterfamilias*, manquant de père, et ne pouvant par conséquent avoir d'agnats, ils n'étaient ni dans la classe des *sui heredes*, ni dans celle des *agnati*. — L'enfant naturel ne pouvait

---

[1] Fr. 49, § 4, D. *de legat.* III; Fr. 13, D. *ad. leg. Jul. de Adult.* C. ultimo Cod. *de Incolis*; Fr. 24, D. *de ritu nupt.*; Fr. 3, pr. D. *de concub.*

[2] C. un. Cod. *de concub.* Novella 18, cap. 5.

[3] Fr. 1, § 3, D. *de concub.*; Fr. 54 et 56, D. *de ritu nupt.*

pas non plus succéder aux biens de sa mère; parce que, du moment que la mère n'était pas placée sous le pouvoir marital, *in manu*, il n'existait pas entre la mère et l'enfant cette parenté artificielle sur laquelle le droit civil de Rome avait construit son ordre de successions *ab intestat*[1].

Sous la législation des XII Tables, les droits des enfants naturels étaient donc aussi nuls que chez les anciens peuples germaniques. Aussi l'enfant naturel ne pouvait-il avoir pour héritiers *ab intestat* que ses propres enfants, n'ayant, par sa position en dehors de la famille, ni ascendants ni collatéraux.

Mais le droit honoraire, dont la mission était de mettre d'accord *la marche de la civilisation romaine avec les iniquités des XII Tables*, améliora cette position injuste, en établissant un lien de parenté entre l'enfant et sa mère. C'est alors que se forme un nouveau système, le système romain par excellence, qui, dans le moyen âge, s'est trouvé en opposition avec celui des nations germaniques, celles-ci persistant à exclure l'enfant naturel de tout rapport avec la famille.

L'édit *Undè cognati* du préteur romain fut le premier à introduire le système de la parenté naturelle, en appelant en troisième ordre tous les cognats; c'est en vertu de cet édit que les enfants recueillaient la succession de leur mère, qui n'avait pas été soumise au pouvoir marital, et avec laquelle ils n'avaient pas de parenté civile (*agnatio*). Le sénatus-consulte orficien, sous l'empereur Marc-Aurèle, élargit la base de la parenté naturelle, en appelant les enfants à la suc-

---

[1] *Gaii Comment.* III, 24. — § 4. Inst. de success. cognat. (III, 5.).

cession maternelle en premier ordre, et à l'exclusion de tout autre héritier, même des agnats[1].

L'édit provincial étendit ce droit héréditaire aux enfants naturels, en leur appliquant les dispositions des sénatus-consultes tertullien et orficien ; c'est ainsi que les enfants illégitimes succédèrent à leur mère et autres parents de la ligne maternelle, et que la mère et les parents maternels héritèrent réciproquement des enfants naturels[2].

L'empereur Justinien[3] limita ce droit héréditaire aux enfants de la concubine, en défendant à la femme honnête, à la matrone (*matri illustri*) qui avait des enfants légitimes, de rien donner entre-vifs, ou de rien laisser par testament ou *ab intestat* à un enfant naturel.

Le droit des Novelles interdit en outre aux enfants adultérins et incestueux (*ex damnato coïtu*), tout droit héréditaire, même la faculté de demander des aliments[4].

Cependant, le concubinat entrant dans les mœurs, par des applications de plus en plus fréquentes, le législateur était obligé de se relâcher de la rigueur des anciens principes, qui n'admettaient aucun lien entre l'enfant naturel et son père ; et c'est ainsi que nous voyons les constitutions impériales donner la faculté aux pères de laisser une partie de leurs biens à leurs enfants naturels, à défaut de descendants légitimes[5].

---

[1] *Princ. Inst. de SCto Orficiano* (III, 4). Ulpien, XXVI, § 7.

[2] *Fr.* 1, § 2, *Dig. ad SCt. Tertyll. et Orfician.* (XXXVIII, 17). Fr. 2 et 4, *Dig. Unde cognati* (XXXVIII, 8).

[3] *Const.* 5 *Cod. de SCto Orficiano* (VI, 57).

[4] *Novell.* 12, cap. 1, *Novell.* 89, cap. 15. *Const.* 6, *Cod. de incest. nupt.* (V, 5), *et ibid. Authent. Quibus mod. effic. sui.*

[5] *Tit. Cod. de nat. lib.* (V, 27).

L'empereur Justinien étendit encore les droits des en
fants naturels, en permettant au père de laisser à ses
enfants naturels la douzième partie de ses biens, à partager avec leur mère, même dans le cas où il existerait
des enfants légitimes.

A défaut de ceux-ci, et s'il existait des ascendants,
cette quotité était de toute la portion disponible ; et,
s'il n'y avait ni descendants ni ascendants légitimes, le
père pouvait tout léguer à ses enfants naturels [1].

Mais, quelque étendus que parussent avoir été dans
cette législation les droits des enfants naturels, eu égard
à la législation ancienne, Justinien leur donna encore
un droit bien plus important, en leur accordant par
ses Novelles un droit *ab intestat*. Selon cette nouvelle
législation, les enfants naturels, c'est-à-dire ceux de
la concubine (*liberi naturales stricto sensu*), et non les
spurii ou *vulgo quæsiti*, héritaient du sixième des biens
paternels, conjointement avec leur mère, s'il n'y avait
ni épouse ni descendants légitimes ; autrement ils ne
pouvaient réclamer que des aliments [2]. Ce sixième
devait être partagé avec la concubine [3].

Les enfants de la concubine pouvaient seuls être légitimés : c'est à la *oblatio curiæ* pour les fils, et au mariage
avec le décurion pour les filles, que se rapporte le premier mode de légitimation chez les Romains : il a pris
son origine dans la difficulté de trouver des décurions.
Cette légitimation ne faisait succéder l'enfant qu'au
père seul [4].

---

[1] C. 2, 8 et 9 *Cod. de nat. lib. Nov.* 89, *cap. XII*, § 2-3. *Nov.* 18,
C. 5. *Auth. quibus modis effic. sui*, § *ne igitur*.

[2] *Nov.* 18, *cap.* 5. *Nov.* 89, *cap.* 12, § 4 et 6.

[3] *Ibidem*.

[4] C. 3, 4 et 9 *Cod. de nat. lib.* (V. 27).

La légitimation par mariage subséquent, permise une fois par les empereurs Constantin et Zénon, fut généralement admise par Justinien [1], qui, dans ses Novelles, y ajoute une troisième forme, la légitimation par rescrit du prince. La légitimation par testament rentre dans cette dernière catégorie, puisque la volonté du défunt devait en ce cas être confirmée par un rescrit spécial de l'empereur [2].

Les enfants légitimés par mariage subséquent et par rescrit impérial, succédaient, non-seulement au père, mais à tous les ascendants de la ligne paternelle; la légitimation par rescrit impérial ne pouvait être demandée qu'à défaut d'enfants légitimes.

L'histoire du droit romain nous présente ainsi trois phases ou époques : exclusion de l'enfant naturel de la famille; puis, parenté légale entre l'enfant naturel et la mère, ainsi que les parents de la ligne maternelle; enfin, succession *ab intestat* établie entre le père et ses enfants naturels. C'est le système de la seconde époque que nous qualifions de système romain par excellence dans le cours de cet essai.

§ 4. Droit canonique.

L'ordre de la succession *ab intestat* du droit romain n'a point été changé par les canons de l'Église; car le droit canonique ne s'occupait du droit de succéder qu'autant que l'Église devait hériter elle-même, ou qu'il s'agissait des successions des *clercs*. Cependant, comme l'Église pouvait avoir dans chaque succession un intérêt par un don ou un legs, elle jugea convenable

---

[1] C. 5, 6, 7 et 10 *Cod. de nat. lib.* (V, 27). § 2 *Inst. de Hered. quæ ab intestat* (III, 1).

[2] Nov. 89, c. 9-10.

de s'immiscer dans les questions de succession, et de s'attribuer autant que possible la connaissance de ces différends ; mais dès que son intérêt personnel était hors de cause, elle abandonnait la question aux juges ordinaires, et laissait subsister les règles du droit romain. C'est ainsi que le droit canonique ne s'occupe nulle part des droits des enfants naturels, si ce n'est en supprimant la distinction romaine entre les *filii naturales* et les *spurii*, et en attribuant aux enfants adultérins et incestueux le droit de demander des aliments, ce que le droit de Justinien leur avait refusé. Malgré cette faveur, le droit canonique sévit contre le concubinat, et cette sévérité s'explique, parce que le mariage y est considéré comme le symbole de l'union de Jésus-Christ avec l'Église. C'est pourquoi le droit canonique, tout en étant forcé de tolérer le concubinat, s'oppose cependant à la pluralité des femmes; selon le canon 17 du premier concile de Tolède (400), « *qui non habet uxorem et pro uxore concubinam habet, à communione non repellatur ; tantum ut unius mulieris, aut uxoris, aut concubinæ (ut ei placuerit) sit conjunctione contentus.* » Mais si l'Église était forcée au commencement de voir, à la manière des Grecs et des Romains, dans le concubinat une espèce de transaction entre le *stuprum* et le mariage, plus tard le droit canonique se prononça énergiquement contre les enfants qui en étaient issus; selon lui, la sainteté du mariage n'admet qu'un lien unique. Dans ce système, tout enfant qui n'est point issu d'un mariage valable, est *spurius* ; mais par contre le mariage a la force de légitimer tous les enfants nés antérieurement des deux époux[1], légitimation que le droit romain

---

[1] C. 1, § 6, X, *Qui filii sint legit.*

n'admettait que pour les enfants nés de la concubine, et non pour les *spurii* et les *vulgo quæsiti*. Les enfants incestueux ne pouvaient, par la nature même des choses, être légitimés par le mariage, puisque l'inceste rendait l'union impossible; cependant, en cas de dispense obtenue du pape, une fois que le mariage avait eu lieu, les enfants nés du commerce antérieur des deux époux étaient légitimés, et jouissaient de la règle du droit canonique : « *Tanta est vis sacramenti, ut qui antea sunt geniti post contractum matrimonium habeantur legitimi;* » car les dispenses selon le droit canonique avaient un effet rétroactif.

Une question plus difficile est celle de savoir si le mariage subséquent des père et mère pouvait légitimer leurs enfants adultérins?

Il est certain que les premiers canons de l'Église défendaient, à l'instar du droit romain, le mariage entre des personnes qui s'étaient rendues coupables d'adultère[1], et les enfants adultérins ne pouvaient être légitimés par ce moyen[2]. Cette doctrine prévalut jusqu'à la fin du xııe siècle, et jusqu'au pontificat d'Alexandre III; le mariage en ce cas était impossible sans une dispense formelle de l'Église.

Cette nécessité d'obtenir une dispense fut abandonnée depuis le xıııe siècle, et notamment depuis Gratien. Les mariages entre des personnes coupables d'adultère furent permis sans dispense, et les enfants adultérins

---

[1] « *Nullus ducat in matrimonium, quam prius polluit adulterio.* » C. 1, 3, 6, 3, qu. 1.

[2] « *Si autem vir, vivente uxore sua, aliam cognoverit, et ex ea prolem susceperit, licet post mortem uxoris eamdem duxerit, nihilominus spurius erit filius, quoniam matrimonium legitimum inter se contrahere non potuerunt.* »

furent de cette manière admis à la légitimation [1].

Ainsi le droit canonique, avant et après le xii° siècle, a décidé différemment la question de la légitimation par mariage subséquent des enfants adultérins; et nous verrons dans notre partie II, § 1, que les législateurs modernes se sont également divisés sur ce point.

§ 5. Droit germanique. — Lois des barbares. — Formules. — Capitulaires.

Les anciens Germains, soit par une conséquence de leur nature, soit à cause de la stérilité de leur sol et de la dureté de leur climat, n'avaient, en général, qu'une femme légitime, et la polygamie n'existait que pour les chefs ou nobles : « Nam prope soli barbarorum, dit *Tacite*, Germ., ch. 18, singulis uxoribus contenti sunt, exceptis admodum paucis, *qui non libidine sed ob nobilitatem* plurimis nuptiis ambiuntur. »

Cependant on ne saurait douter que des concubines n'aient existé à côté de ces femmes légitimes; l'ancien droit scandinave nous en est garant [2].

Le principe fondamental du droit germanique c'est que l'enfant né d'une union illégitime, est considéré comme un étranger. Ne faisant partie ni de la famille du père ni de celle de la mère, l'enfant naturel n'a, par conséquent, dans l'une ni dans l'autre, aucun droit de succession; comme dans le système de la loi des douze tables, il n'est pas même en la garde paternelle (*in mundio*).

Mais, pour qu'un enfant soit légitime et apte à suc-

---

[1] *V.* sur cette question la dissert. de Dieck « *Ueber die Legitimation der Adulterinen durch nachfolgende Ehe,* » dans ses : « *Beitraege zur Lehre von der Legitimation, Halle,* 1832.

[2] *V.* Grimm, *Antiq. allemandes,* p. 440, et plus loin notre § 7.

céder, il ne suffit pas qu'il soit issu d'un mariage quelconque : le droit germanique exige que les époux soient de condition égale, pour que les enfants issus de leur union jouissent de tous les droits de famille, et notamment du plus important, celui de succéder aux biens, qui, selon le droit germanique, sont une espèce de propriété commune de toute la famille. Ce principe de l'égalité des époux a été sanctionné plus ou moins rigoureusement dans toutes les législations des peuples germaniques. Chez quelques-uns les unions entre personnes de condition inégale étaient défendues par des sanctions pénales, chez d'autres la loi se contentait de frapper les époux et les enfants issus d'eux, d'une incapacité civile; chez les premiers, la condition des enfants illégitimes était telle, que la loi ne s'en occupait pas du tout; chez les seconds, ils étaient dans une condition moins dure, et jouissaient de quelques droits successoraux.

Les anciens Saxons, dont la population était divisée en quatre classes, les nobles, les ingénus, les affranchis et les serfs (*V. Eginhard*, chez *Adam. Bremens. Hist. Eccles.*, l. I, cap 4), tuaient l'individu qui avait épousé une femme d'un rang plus élevé que le sien (*Adam. Brem.*, ibidem.).

Chez les Bourguignons l'ingénue subissait la même peine, quand elle s'était unie volontairement à son serf; ses parents pouvaient lui faire grâce de la vie, mais alors elle devenait la serve du roi (*Lex Burg.*, t. XXXV, § 2-3).

Selon la loi des Francs Saliens, la femme ingénue qui suivait volontairement un serf du roi ou un *litus*, perdait son rang de femme ingénue (*Lex Sal.*, tit. XIV, § 7), et l'homme libre qui s'était marié à une serve étrangère devenait serf avec elle [1]. L'édition de Hérold, qui est le manuscrit de Fulde, est le seul des textes de la loi Salique qui déclare que les enfants nés de l'inceste et de parents trop proches, ne sont pas héritiers, mais doivent être *infamia notati* [2]. Ni les manuscrits de Paris, ni celui de Wolfenbuttel, ni aucun des textes de la *Lex emendata*, ne contiennent cette disposition, qui paraît ainsi être intercalée, d'autant plus qu'elle se retrouve littéralement dans les notes d'Anien sur le Code Théodosien.

La loi Ripuaire s'occupe avec un soin tout particulier des unions entre personnes de condition inégale. L'homme ou la femme ingénus qui épousaient le serf ou la serve d'un Ripuaire, tombaient avec leurs enfants dans le servage de celui-ci [3]. Les parents de la femme ingénue avaient le droit d'attaquer cette union, et en ce cas le roi ou le comte présentait à la femme une épée et une quenouille; si elle prenait la première, elle devait tuer le serf, si elle acceptait la dernière, elle restait serve [4]. La loi Ripuaire contient entre autres dispositions sur les mariages inégaux, la suivante qui démontre combien les Francs de ce temps tenaient déjà au principe qu'en formariage le pire emporte le bon : « Si autem ecclesiasticus, Romanus, vel regius homo ingenuam Ripuariam acceperit; aut si Romana, vel regia, seu tabularia ingenuum Ripuarium in matrimonium acceperit,

---

[1] *Lex sal.*, tit. XIV, § 11. — Le texte qu'a Muratori, *Antiq. Ital. medii ævi*, tom. II, p. 286-290, est le seul qui ajoute aux paroles : *ipse cum ea in servitium implicetur*, celles-ci : *dum ipsa vixerit tantum.*

[2] *Edit. Heroldina*, tit. XIV, § 12.

[3] Loi Ripuaire, tit. LVIII, §§ 15-16.

[4] *Ibidem*, § 18.

generatio eorum semper ad inferiora declinetur[1].

Cette coutume nous explique pourquoi les capitulaires favorisaient les unions entre personnes libres et les serfs royaux (*fiscalini*)[2]; c'était l'augmentation de cette espèce de serfs qu'ils avaient en vue, puisqu'à moins de stipulations intervenues[3], l'enfant d'un *fiscalinus* ou d'une *fiscalina* était lui-même serf du roi.

L'ancien droit des Frisons[4] permettait à la femme libre qui avait épousé un *litus* ou colon, croyant que c'était un homme libre, de jurer qu'elle n'avait plus couché avec lui après avoir connu sa condition, et en ce cas, elle et ses enfants demeuraient libres; mais si elle ne pouvait jurer, elle suivait avec ses enfants la condition de son mari.

Dans la loi des Allemans (t. LVII), il est dit, que si un père laisse pour héritières deux filles dont l'une a épousé un colon et l'autre un homme libre et de condition égale, la terre paternelle n'appartient qu'à cette dernière, et que l'autre ne prend part que dans le reste de la succession.

Une des lois barbares les plus explicites à l'égard du sujet qui nous occupe, est la loi des Bavarois; elle prononce l'exclusion formelle des fils nés d'une mère de condition inégale, de la succession paternelle, et les recommande seulement à la pitié de leurs frères[5]:

« Ut fratres hæreditatem patris æqualiter dividant; ut

---

[1] Loi Ripuaire, tit. LVIII, § 11.

[2] *Capitul.*, lib. III, cap. 16.

[3] *V.* la formule de ces sortes de stipulations, chez Marculfe, liv. II, form. 29.

[4] *Lex Frisonum*, tit. VI.

[5] *Lex Bajuvar.*, T. XIV, cap. 8.

quamvis multas mulieres habuisset et totæ liberæ fuissent de genealogia sua, quamvis non æqualiter divites, unusquisque hæreditatem matris suæ possideat, res autem paternas æqualiter dividant.

» Si vero de ancilla habuerit filios, *non accipiant portionem inter fratres*, nisi tantum quantum eis per misericordiam dare voluerint fratres eorum; quia in lege veteri scriptum est : Non enim erit hæres filius ancillæ cum filio liberæ. Tamen debent misericordiam considerare, quia caro eorum est. »

La loi des Visigoths prononçait des peines fort graves contre les mariages entre personnes de condition inégale. La femme ingénue, qui se mariait avec son serf ou son affranchi, était flagellée publiquement devant le juge avec son mari, puis on les brûlait vifs tous les deux; leurs enfants n'avaient aucun droit de succéder : « Ex tali enim consortio filios procreatos constitui non oportet hæredes [1]. » Si la femme ingénue s'était unie à un serf d'autrui, elle recevait cent coups de fouet; et, après avoir subi trois fois cette peine, elle était renvoyée à ses parents. Si ceux-ci ne la recevaient pas, elle devenait serve et tombait au pouvoir du maître du serf. La même peine était prononcée par la loi des Visigoths contre les ingénus qui s'unissaient à des serves d'autrui. Quant aux enfants issus d'une telle union, voici ce qu'elle ordonnait :

« Filii tamen et quandocumque et quanticumque, qui ex ea iniquitate fuerint procreati, conditionem patris sequantur, ut in servitio permaneant : facultatem vero mulieris, propinqui sui legali successione conquirant. »

---

[1] *Lex Visigoth.*, l. III, tit. II, § 2.

La loi ajoutait une espèce de prescription par laquelle ces mêmes enfants pouvaient acquérir la condition d'ingénus, s'ils prouvaient qu'ils avaient été traités comme tels pendant l'espace de trente ans [1].

Les unions même entre un affranchi et une serve, ou entre une affranchie et un serf, entraînaient la perte de la liberté, et les enfants issus de ces unions devenaient les serfs du maître de leur père ou mère.

On voit qu'à la différence du droit romain, où l'enfant suivait la condition de la mère [2], les peuples de race germanique rattachaient l'enfant à celui de ses parents qui était de condition inférieure.

Ce système a prévalu, comme nous le verrons plus loin, dans les droits coutumiers de France et d'Allemagne; il était exprimé par les deux adages suivants :

« En formariage le pire emporte le bon. »

« *Trittst du meine Henne, so wirst du mein Hahn.* »

Il nous reste à parler d'une législation germanique, fort importante sur notre matière, de celle des Lombards. Fortement influencé par l'élément romain, le droit de cette nation accorde des droits d'héritier aux fils naturels, mais d'un autre côté l'élément germanique se montre dans toute sa force, en ce qui concerne les mariages entre personnes de condition inégale. Dans les premières lois des Lombards, la femme ingénue qui s'unit à un serf, est soumise aux mêmes dispositions ri-

---

[1] *Lex Visigoth.*, l. III, tit. II, § 3.

[2] L'ancienne *Lex Mensia* à laquelle Gaius fait allusion dans ses commentaires (I, 78) établissait une exception à cette règle générale; car, suivant elle, l'enfant né d'une citoyenne romaine et d'un étranger était étranger.

goureuses que dans le droit des Bourguignons [1]; des lois postérieures moins barbares se contentent de faire tomber cette femme avec ses enfants au pouvoir du maître du serf, et si le maître ne la réclame pas, elle peut même, après la mort du mari, s'en aller libre avec ses enfants et les biens qu'elle a eus lors de son mariage [2]. Le mariage entre l'homme libre et sa propre serve ou son affranchie (*aldia*), est valable, pourvu qu'il lui donne la qualité d'ingénue (*quiderbora*) [3], et la déclare son épouse légitime en lui constituant le don du matin (*morgengab*) : « Tunc, dit la loi, intelligatur esse libera et ligitima uxor, et filii, qui ex ea nati fuerint, legitimi hæredes patris efficiantur [4]. » Le fils né de l'union d'un père ingénu avec une serve d'autrui, ne peut devenir héritier qu'après que le père l'a racheté; si le père manque de le faire, le fils reste serf avec sa mère [5]. Dans les autres mariages le droit lombard suit de même le principe que les enfants suivent la condition de celui de leurs parents qui est de condition pire, les enfants d'un *aldius* et d'une ingénue sont *aldii* du patron de leur père; ceux d'un *aldius* avec une serve sont serfs comme leur mère [6].

Les premières lois écrites des Lombards, l'édit du roi Rothaire, s'occupent beaucoup des enfants naturels [7].

Les fils naturels concourent avec les fils légitimes, qui s'appellent dans le texte *fulboran*, mot qu'on pour-

---

[1] *Legg. Lombard.*, II, 9, §§ 1-3.

[2] *Ibid.*, II, 12, § 2.

[3] *Quiderbora, widerbora, wiedergebohren*, née une seconde fois.

[4] *Legg. Lomb.*, II, 1, § 8.

[5] II, 14, 4.

[6] *Legg. Lomb.*, II, 12, §§ 3-4.

[7] II, 14, 2 et suiv. (Ed. Roth. 154 et suiv.)

rait traduire à l'aide de l'anglais *ful-born*, par pleinement né, né légitimement, avec tous les droits d'un enfant légitime. La réserve due aux fils naturels ne dépend pas du nombre de ces enfants, mais de celui des fils légitimes, qui doivent avoir chacun le double de la part attachée aux fils naturels. Cette part ne peut être augmentée par le père : si les fils légitimes n'y ont pas consenti après avoir atteint leur majorité, c'est-à-dire à l'âge de douze ans accomplis [1].

Ce concours des enfants naturels avec les enfants légitimes est un point saillant du droit lombard, et le distingue des autres droits germaniques, qui tous excluent les enfants naturels de la succession, quand il existe des descendants légitimes.

Mais la législation du roi Rothaire est la seule qui présente cette particularité; les lois postérieures ont changé sur plusieurs points les droits des enfants naturels, et le législateur, en réduisant ces droits, semble avoir voulu encourager les mariages légitimes. Ainsi le roi Luitprand défend au père qui a des enfants légitimes de rien donner aux bâtards, de manière à ce qu'ils soient réduits à ce que leurs frères légitimes veulent bien leur donner : « Nam pater, ajoute le législateur, non possit illos illicitos, neque per thinx neque per qualecumque colludium hæredes instituere. Hoc autem ideo constituimus ut omnis homo, qui vult, accipiat legitimam uxorem ; nam non illicitas contrahat nuptias [2]. »

Le même roi Luitprand appelle les filles à la succession

---

[1] Plus tard, le roi Luitprand fixa la majorité à l'âge de 18 ans révolus. (*Legg. Lomb.*, II, tit. 29, 33 1 et 6.)

[2] *Legg. Lombard.*, II, 8, 5 6.

à défaut de fils légitimes , ce qui implique nécessairement la suppression du droit des fils naturels de concou-
rir avec les fils légitimes , ainsi que l'avait prescrit l'édit
de Rothaire [1]. Il résulte en effet , d'une loi du roi Grimoald [2], que la part réservée aux enfants illégitimes , et
qui était alors d'un tiers , ne leur revenait qu'à défaut
de filles légitimes.

D'après l'ancienne législation de Rothaire, les bâtards
pouvaient avoir pour héritiers leurs parents [3].

Les formules et les capitulaires , imbus des doctrines
du droit romain et de l'Église , ne pouvaient être que
favorables aux enfants naturels. Cette tendance ressort
plutôt de l'esprit général des formules et des capitulaires , que des textes. Cependant , la formule 52 de
l'Appendice de Marculfe cite une ancienne loi et coutume d'après laquelle il est permis au père d'instituer
ses enfants naturels héritiers universels , à défaut de
descendants légitimes , et donne la formule à employer
en ce cas. Cette *gesta lex et consuetudo* ne saurait être
que le droit romain [4], car le droit franc ne donnait certainement pas la même faculté. Il résulte encore de la
même formule , que l'existence de la *chartola dotis* ,
c'est-à-dire de l'écrit qui assurait un douaire à la femme,
était en ces temps le caractère distinctif d'un mariage

---

[1] Gans, *Erbrecht*, III , p. 189.

[2] *Legg. Lomb.*, II , 14, § 18. Grimoald , V.

[3] Andr. de Barulo , *Commentar.*, tit. VIII.

[4] *Novelle* 89 , chap. 12. — Ce même endroit des formules a été
invoqué par M. de *Savigny* (Hist. du dr. rom. au moyen âge , II ,
chap. IX , p. 106 , trad. Guenoux) pour prouver l'existence du
droit romain dans les formules. Il démontre en outre que l'Appendice de Marculfe doit avoir été composé trois siècles plus tard que
le recueil de Marculfe , qui est de 660.

légitime; car le père s'y plaint que le temps et les circonstances l'aient empêché de faire la constitution du douaire (*chartolam libelli dotis*), et que ses enfants soient ainsi illégitimes *selon la loi*. Cette loi est le capitulaire 133 du sixième livre des Capitulaires, ainsi conçu :

« Nullum sine dote fiat conjugium ; nec sine publicis nuptiis quisquam nubere præsumat [1]. »

A l'instar du pouvoir spirituel, le pouvoir temporel de ces temps était obligé de souffrir l'existence du concubinat ; mais cette union était vue d'un œil défavorable [2], et l'enfant de la concubine n'avait point de droit de succession *ab intestat* : « Non omnis mulier viro juncta uxor est viri, neque omnis filius hæres est patris ; itaque aliud est uxor, aliud concubina [3]. »

Le capitulaire 463 du septième livre contient des préceptes concernant le mariage légitime : « . . . . . Aliter enim legitimum. . . . . non fit conjugium, nisi ab his qui super ipsam feminam donationem habere videntur, et a quibus custoditur, uxor petatur, et a parentibus propinquioribus sponsetur, et legibus dotetur, et suo tempore sacerdotaliter ut mos est, cum precibus et oblationibus a sacerdote benedicatur, et a paranymphis, ut consuetudo docet, custodita, et sociata a proximis, quæ tempore congruo petita legibus detur et solenniter accipietur. Et biduo vel triduo orationibus vacent et castitatem custodiant ; ut boni soboles generentur, et domino suis in actibus placeant. Taliter enim et Domino placebunt, et

---

[1] *Capit.*, lib. VII, 105 et 59.

[2] *Ibid.*, lib. VII, 60.

[3] *Ibid.*, l. VII, 59.

filios, non spurios, sed legitimos atque *hæreditabiles* generabunt. »

Le capitulaire 410 du sixième livre défend aux enfants incestueux d'hériter, et déclare infâmes le père et la mère.

§ 6. Droit romano-germanique.

Les peuples de l'Europe forment, sous le rapport du développement de leurs lois, trois groupes bien distincts : le premier, et le plus important, se compose des nations qui se formèrent, sur le territoire de l'empire d'Occident, du mélange des conquérants germains et des anciens sujets romains vaincus. Leurs lois se sont également formées de deux éléments bien distincts, dont on peut poursuivre la filiation jusqu'à nos jours. C'est le droit de ces peuples que nous appelons Romano-Germanique et qui fait l'objet de ce paragraphe.

Le deuxième groupe comprend les peuples du Nord, la race scandinave, qui, selon toutes les probabilités, a la même origine que la race germanique, mais qui ne s'étant jamais mis en contact avec une législation étrangère, a développé ses lois et coutumes conformément à son caractère national.

Enfin les nations slaves, avec leur civilisation mi-européenne, mi-asiatique, occupant tout l'est de l'Europe, forment le troisième groupe ; leurs us et coutumes n'ont été connus que bien longtemps après ceux des autres nations européennes, et elles se présentent environnées d'épaisses ténèbres au commencement du moyen âge.

Les deux paragraphes suivants sont consacrés aux lois et coutumes des peuples de ces deux dernières catégories.

Le contraste entre l'élément romain et l'élément germanique ne se révèle nulle part autant que dans le droit de succession, parce que c'est en lui que se résume nécessairement toute la constitution de la famille.

Le principe germanique qui exclut le bâtard de la famille et ne lui accorde aucun droit de succession, et le principe du droit romain [1] qui considère l'enfant naturel comme faisant partie de la famille du côté de sa mère, se trouvèrent face à face au moyen âge comme le privilége de la masculinité dans la succession germanique se trouva aux prises avec l'égalité des sexes reconnue par le droit romain, et commé l'adage « Institution d'héritier ne vaut » se trouva en opposition avec la disposition des XII tables : « Uti paterfamilias de re sua legassit, ita jus esto. » Nous allons voir lequel de ces deux éléments est resté vainqueur dans les lois des différents peuples romano-germaniques.

SECTION I. *Italie. — Espagne. — Portugal.*

Les statuts des villes de l'Italie devaient être favorables aux enfants naturels, puisqu'ils suivaient sur ce point, soit le droit romain, soit les dispositions du droit des Lombards, qui n'était pas non plus très-défavorable aux enfants illégitimes. Quelques statuts contenaient cependant des dispositions particulières à cet égard, tels que celui de Gubbio, qui donnait aux bâtards en concurrence avec des enfants légitimes un douzième, et à défaut de ces enfants la moitié de la succes-

---

[1] Nous avons déjà dit ailleurs (§ 3) que nous entendons ici par système romain ce qui existait avant les changements introduits par les Novelles.

sion [1]. Dans plusieurs statuts des villes italiennes les enfants légitimés n'étaient point assimilés aux enfants légitimes, pas plus que dans le droit allemand [2] et le droit anglais [3]. A Ferrare l'enfant, même légitimé, devait avoir le consentement du père ou de l'agnat auquel il succédait; à Rome les enfants légitimés, en concours avec des enfants légitimes, ne prenaient qu'un quart de la part d'un enfant légitime, et dans les statuts de Gubbio, le père ne pouvait donner par testament au fils légitimé plus qu'au fils légitime le moins prenant [4].

Les droits statutaires ou *fueros* du royaume de Castille reconnaissaient outre les deux formes de mariage légitime (*matrimonio velado* et *matrimonio a yuras*), le concubinat (*barragania*), qui était considéré comme un contrat fait à vie et se nommait *Carta de mancebia et Campaneria*. Le *fuero de Plasencia* donne à la *barragana*, lors du décès du mari, la moitié des acquêts tant en meubles qu'en immeubles. Il n'y a donc pas lieu de s'étonner que les *fueros* fissent peu de distinctions entre les enfants légitimes et naturels; l'auteur espagnol *Marino* [5] l'attribue à des raisons politiques. C'était surtout, dit-il, afin de favoriser la population chrétienne.

Il est vrai que vers le milieu du XIIIe siècle les *fueros*

---

[1] *Statuta Eugubii*, II, 65.

[2] *Miroir saxon*, I, 16. *Miroir souabe*, 371.

[3] *Bracton de legg. Angliæ*, I, 29, 4. *Fleta*, cap. 39, 9, 4.

[4] *Stat. Ferraræ*, II, 142; *Romæ*, I, 84, *Eugubii*, II, 64. *V.* aussi *Constitutiones Medionalensis dominii* de Gabriel Verri, p. 201.

[5] *Ensayo historico critico sobre la antigua legislacion*, etc. Madrid, 1808, p. 166.

commencèrent à sévir contre le concubinat, mais ce n'était que contre celui des hommes mariés [1] et des clercs : ces mêmes *fueros* déclaraient les bâtards des clercs incapables de succéder, ce qui prouve que les enfants naturels des personnes qui n'appartenaient pas au clergé, avaient le droit de succéder *ab intestat*.

Dans les Codes postérieurs de l'Espagne, tels que le *Fuero real* et *Las siete partidas*, l'ancien concubinat prend les allures du concubinat romain, et on voit que la législation s'efforce de rétablir la différence entre les enfants légitimes et les enfants naturels, que la plupart des *fueros* avaient effacée. Le *Fuero real*, en parlant de la succession des enfants légitimes, ajoute expressément : « No pueden heredar con ellos otros algunos que aya de barragana (f° 131); » et il ne permet pas de disposer en faveur de ses enfants naturels, d'une quotité plus forte qu'en faveur de tout autre individu, c'est-à-dire d'un cinquième de la succession (f° 132). De même le *Fuero real* reconnaît la légitimation par le mariage subséquent, mais seulement, et cela est conforme au droit canonique, à l'égard des enfants nés de personnes libres, *ex soluto et soluta* [2].

Le Code de *Las siete partidas* a copié avec soin toutes les distinctions et les règles du droit romain sur les enfants naturels, sur leur légitimation et leur droit de succession en général ; cette matière est un exemple

---

[1] *Fuero de Baeza*, *fuero de Cuenca*, L. 37, cap. 11. « *El baron que muger hobiere en Baeza o en otras tierras, y barragana tobiere paladinamente sean ambos ligados y fostigados.* » Nous avons vu plus haut, § 5, que tel était aussi le sens du Capitulaire de Charlemagne. (Capit. VI, 133.)

[2] *Fuero real*, f° 133.

frappant du caractère peu national qu'on a toujours reproché à cette législation [1].

Le Code de Philippe II, connu sous le nom de *Recopilacion*, et qui est encore aujourd'hui le fond du droit civil espagnol, confirme la disposition du *Fuero real* qui défend au père et à la mère de donner aux enfants naturels plus d'un cinquième, s'il existe des enfants légitimes, et celle qui déclare héritiers les enfants légitimés par le mariage subséquent. Par contre ceux qui ne sont légitimés que par le rescrit du prince, ne sont appelés qu'à défaut de ces derniers [2].

Dans l'Aragon et le Portugal la différence entre les enfants naturels et légitimes était à peu près nulle [3], quoique le concubinat n'ait jamais été aussi favorisé dans ce dernier pays que dans la Castille. Les ordonnances des rois de Portugal font une mention fréquente de la légitimation par mariage subséquent, et de celle qui se fait par le rescrit du prince ; on y trouve aussi des traces d'une légitimation par testament. Cependant la légitimation ne devait être en usage que dans les familles nobles, car les ordonnances donnaient aux bâtards des familles non nobles le même droit de succéder qu'aux enfants légitimes [4]. Les bâtards des nobles étaient exclus de la succession, même par les parents collatéraux [5] ; il paraît cependant que plus tard les bâtards des personnes de la noblesse héritaient de leur père ; ils étaient seulement obligés d'ajouter aux armes de la fa-

---

[1] Gans, *Erbrecht*, III, p. 425.
[2] *Recopilacion*, V, 8, 7-10.
[3] *Gans*, III, p. 436, 460 et 468.
[4] *Ordenaçoes e Leys do reyno de Portugal. Lisboa*, 1727, IV, 92.
[5] *Ibid.*, IV, 92, § 1.

mille la *quebra de bastardia*[1]. Les bâtards ne pouvaient cependant jamais succéder aux majorats, qui étaient très-usités dans la noblesse portugaise[2].

Section II. *Allemagne.*

Nous avons exposé au § 5 les dispositions des lois barbares à l'égard des mariages entre personnes de condition inégale. Toutes flétrissaient de telles unions par des peines graves, ou du moins par des incapacités civiles. Nous avons vu aussi que, d'après le principe de la famille germanique, les enfants issus de ces mariages suivaient la condition la plus défavorable, soit celle de leur père, soit celle de leur mère ; et que l'élément germanique pur, qui cependant se trouvait déjà affaibli sous ce rapport dans plusieurs lois barbares, dépouillait l'enfant illégitime[3] de tout droit de succéder *ab intestat.*

---

[1] *Ordenaçoes e Leys do reyno de Portugal. Lisboa*, 1727, IV, 91. C'était un trait ou bâton qui séparait le champ en deux parties.

[2] *Ibid.*, IV, 100.

[3] Le langage du moyen âge est d'une richesse extraordinaire pour désigner les enfants nés hors mariage. Outre les dénominations latines, on avait dans les langues romanes le mot *bastard, bastardo*, que M. *Michelet* (Origines du Dr. fr., p. 68) fait dériver des mots bretons *baz*, bas, et *tardd*, germer, sourdre. On disait aussi en France, *fils de bas* et *fils de lice*, ce qui veut dire selon *Roquefort* (I, 600), fils de chienne; en Espagne, *hide puta*, enfant de putain. L'idiome allemand était encore plus riche : *Sidekinder, Chebskinder, Spelkinder, wanbärtige, ledige Kinder, Morgengabskinder, Unflatskinder, Bankert, Hurensohn, Kotzensohn*. Les coutumes suisses emploient des dénominations plus agréables: *Hübschkinder, Liebeskinder, Pfaffenkinder*, enfants jolis, enfants d'amour, enfants de prêtre.—Les Scandinaves appelaient les enfants illégitimes *laungetit, hörgetit, mein-*

Les règles sur les mariages entre personnes de condition inégale, et sur la position des enfants qui en étaient issus, ont été conservées dans le droit allemand des siècles suivants.

Les Capitulaires déclarent fréquemment que l'ingénu qui s'unit à un individu serf, deviendra également serf [1].

Le *jus provinciale Allemanicum* [2], une édition particulière du Miroir souabe, prononce contre la femme ingénue qui s'unit à son propre serf, la décapitation, et fait brûler vif le dernier.

Cependant le changement des mœurs et les progrès de la civilisation firent disparaître ces peines atroces. En général on conserva à l'homme sa condition et son état; mais la femme, quand elle était d'une condition moins élevée, n'acquérait point par le mariage celle de son époux, tandis qu'il fallait qu'elle descendît à celle de son mari, quand elle était d'un rang plus élevé, quoiqu'elle dût recouvrer la première condition à la mort de ce dernier [3]. Quant aux enfants, leur état était fixé par celui de leur père ou mère qui était de condition in-

---

geht, ou *hornungr, basingr, hrisungr*, enfant du coin, enfant de la caverne, enfant de la forêt. On voit que la conception et la naissance clandestine constituent, avant tout, l'idée de l'illégitimité dans le langage scandinave. L'enfant de la forêt rappelle le *champi* de l'ancien droit français.

[1] *V.* les Capitulaires cités chez *Struvius, Jurispr. hercica*, pars II, cap. II, sect. 1. § 27.

[2] Chap. LVIII.

[3] Droit commun de Souabe, a, 318. Droit commun saxon, L. I, a, 45, L. III, a, 45 coll. *Eichhorn*, II, § 351, note c.

férieure [1], selon le vieil adage rapporté plus haut (§ 5) : « En formariage le pire emporte le bon. » — « Das Kind tritt zur ärgeren Hand, » comme dit le droit féodal de Souabe, chap. CII, § 5.

C'est surtout la noblesse qui tâchait de conserver ces principes sur les mariages inégaux, afin de se défendre des mésalliances qui pouvaient ternir chez elle la pureté du sang ; de là, chez la noblesse de l'empire, l'usage des mariages morganatiques, ainsi appelés parce que la femme ne pouvait réclamer que la *morgengabe*, le don du matin, ce que l'époux lui avait promis en contractant le mariage, et ce qui caractérisait anciennement le mariage qui n'était pas complétement légitime. Ces sortes d'unions étaient surtout usitées parmi les nobles qui épousaient des femmes d'une condition moins élevée, et qui avaient déjà des enfants d'une première femme de condition égale à la leur. On excluait ainsi les conséquences ordinaires du mariage ; la femme n'entrait point dans la famille et n'acquérait pas le rang du mari ; elle et ses enfants devaient se contenter de ce que le mari leur avait promis au moment du mariage. La mère et les enfants étaient mis, de cette manière, en dehors du droit commun, et ne pouvaient avoir d'autres droits sur les biens du défunt, que ceux qui étaient garantis par les conventions matrimoniales. Cette coutume avait le double avantage de donner une position certaine à la veuve et aux enfants, et de ne pas porter trop de préjudice aux héritiers légitimes ; car les enfants issus d'un mariage morganatique, ou de main

---

[1] Droit commun de Souabe, art. 39, 50 et 328. Droit commun saxon, L. I, 75, III, 45 et 73. Cod. Amberg., a, 57. Droit Césaréen (*Kaiserrecht*), L. III, a, 5.

gauche [1], ne pouvaient succéder ni aux biens féodaux, ni aux propres du père. Toutefois, selon le livre des Fiefs (II, 29), ils pouvaient succéder aux propres quand il n'existait pas d'enfants d'un mariage antérieur et contracté entre personnes de condition égale.

La position des bâtards se rapprochait beaucoup, au moyen âge, de celle des individus qui, sans être serfs, ne jouissaient pas cependant de tous les droits des hommes libres ; ces individus sont connus dans le droit allemand sous le nom de *Unfreie, Hörige*. Ainsi, les bâtards étaient généralement exclus de tous les droits politiques : ils ne pouvaient être ni juges, ni échevins, ni témoins, ni se purger d'une accusation par le serment ou par le combat singulier ; ils n'avaient point de droit au *wehrgeld* [2], et ne pouvaient tenir des fiefs [3]. C'étaient les règles des coutumiers de l'Allemagne connus sous le nom de Miroir saxon et Miroir souabe. Quant à l'exclusion du bâtard des fiefs, c'était une maxime générale du droit féodal [4].

---

[1] *V.*, sur les diverses dénominations de cette espèce de mariage, Struvius, *Jurispr. heroica*, pars II, cap. III, sect. III.

[2] Le Miroir saxon, L. III, c. 45, semble vouloir se moquer des enfants de prêtres et des bâtards, en leur assignant pour toute amende un chargement de foin qui peut être tiré par deux bœufs d'une année. (« Papenkindere unde die unecht geboren sin, den gift man to bote *en vuder houwes alse tvene jarge ossen getien mogen.* »)

[3] *Eichhorn*, Droit public et privé allemand, II, § 349. Dieck, *Beiträge zur Lehre von der Legitimation dorch nachfolgende Ehe.* Halle, 1832, p. 3.

[4] Droit féod. saxon, art. II. Droit féod. souabe, art. I, § 4. *Vetus auctor de beneficiis*, I, 4. Droit féod. lombard, L. II des fiefs, 26, § 10.

Ce n'est qu'à partir du XVI° siècle que cette position exceptionnelle des bâtards, et le déshonneur attaché à la naissance illégitime, commencèrent à s'effacer. L'introduction du droit romain, qui n'attachait aucune infamie à la condition des enfants nés hors mariage, et qui avait au contraire déclaré formellement qu'ils pourraient occuper les honneurs, à la différence des *personæ viles*[1], avait puissamment contribué à la réforme de ces iniquités. Combien l'esprit intolérant des Allemands contrastait avec ces belles paroles de *Papinien* : « Non enim impedienda est dignitas ejus qui nihil admisit[2] ! » En 1667, l'électeur Jean-Georges II de Saxe se plaignait encore, dans une ordonnance, de ce que le peuple était toujours imbu de ce vieux préjugé ; et en 1731 un recès de l'empire décidait que dorénavant il ne serait plus permis de faire des distinctions entre les personnes légitimes et illégitimes dans l'admission aux professions et métiers[3]. C'est cet ancien déshonneur attaché à la naissance illégitime, qui a motivé dans toutes les législations modernes de l'Allemagne une disposition attribuant formellement aux enfants illégitimes la même position dans la vie civile qu'aux enfants légitimes[4].

---

[1] Const., 2 *Cod. de dignitat.* (XII, 1.) *Lex* 6 pr. *Dig. de decurionibus* (L. 2). *Lex* 12 *Dig.* Ibid.

[2] *L.* 6 pr. *Dig. de decurion.* (L. 2).

[3] Dieck, II. p. 41. — Les autorités et les corps de métiers, pour attester la naissance légitime des aspirants, se servaient de la formule suivante : Que la mère de l'aspirant avait épousé le père *les cheveux flottants.* Grupen, *De uxore theotisca*, p. 204. Les cheveux flottants étaient le signe de la virginité de la fille libre ; la *virgo in capillo* des Lombards et la *manceba en cabello* des Visigoths témoignent de l'ancienneté de ce symbole.

[4] Code civil d'Autriche, 1, 3, §§ 161-162. Droit prussien, II, 2,

Quant aux droits des enfants nés hors mariage sur les biens de leurs parents, l'influence du droit romain, qui sur ce point comme sur tant d'autres contrastait avec l'ancien esprit germanique, avait réagi sur plusieurs droits coutumiers de l'Allemagne.

Dans quelques contrées on suivait l'ancien principe national, qui excluait absolument les bâtards de la famille; dans d'autres le principe du droit romain, qui ne reconnaissait de lien qu'entre la mère et l'enfant, avait prévalu; enfin quelques coutumes, comme celles du Palatinat, attribuaient aux enfants illégitimes tous les droits que leur avaient accordés les Novelles des empereurs romains.

L'ancien Miroir saxon (L. 1, art. 51), le Miroir souabe (ch. 415), le droit coutumier de Lunebourg, et les statuts fort répandus en Allemagne des villes de Culm, de Lubeck et de Rostock, excluaient les bâtards de toute espèce de succession, et les considéraient comme entièrement étrangers aux familles de leurs père et mère. Par contre, le principe romain avait prévalu dans le Miroir saxon réformé, dans les coutumes de la Franconie et dans les statuts de plusieurs villes, comme Colmar, Saarbruck, Cologne, qui appelaient les enfants illégitimes à la succession maternelle[1]. Enfin, le droit commun allemand avait fini par adopter sur ce point le système des Novelles de l'empereur Justinien, ce qui est encore aujourd'hui la loi commune dans les pays allemands qui n'ont pas reçu de Code civil particulier[2].

---

§ 662. Chartes de Bavière de 1818, tit. IV, § 1; de Wurtemberg, chap. VII, §§ 19-22; de Bade, tit. II, §§ 7, 9, 10; de Darmstadt, tit. III, §§ 12-13.

[1] Mittermaier, *Deutsches Privatrecht*, § 43.

[2] *V.* plus bas notre partie II, § 3, et Mittermaier, *ibidem.*

Le droit de bastardise (*Bastardenfall*), qui était d'abord un droit régalien de l'empereur d'Allemagne sur les biens des bâtards décédés sans descendance légitime, avait reposé depuis dans les mains des divers États, lorsque ceux-ci avaient acquis la souveraineté de leur territoire; mais à dater du XVIe siècle, plusieurs d'entre eux renoncèrent expressément à ce droit [1]. Nous aurons occasion de revenir sur cette matière dans les sections suivantes, quand nous exposerons le droit de bastardise ou de formorture en Angleterre, dans les Pays-Bas et en France.

Nous avons encore à parler de la légitimation et de la position des enfants légitimés.

Si les Germains n'ont pas connu la légitimation romaine, qui effaçait toute différence entre les enfants nés dans et hors le mariage, ils avaient du moins des actes, cérémonies ou usages par lesquels le père améliorait le sort de son enfant illégitime. Ainsi les Lombards avaient la *melioratio* [2], les Scandinaves la cérémonie du soulier [3], les Francs celle du manteau [4]; mais l'effet de ces actes n'était nullement, dans l'origine, de mettre les enfants nés hors mariage sur un pied d'égalité avec les enfants légitimes; l'esprit de famille, si exclusif dans la race germanique, s'y opposait. Aussi la légitimation romaine a-t-elle été une des institutions auxquelles les jurisconsultes allemands se sont le plus opposés, quoique le droit allemand, moins heureux dans cette lutte que le droit anglais, qui n'a jamais admis la légitimation des

---

[1] Dieck, p. 39, notes 14 et 15.
[2] *V*. plus haut § 5.
[3] *Grimm*, Antiquités allem., p. 160.
[4] *V*. plus bas les sections suivantes.

enfants naturels [1], ait dû à la fin courber la tête sous la
loi romaine et les canons de l'Église.

Le Miroir saxon et celui de Souabe contenaient à cet
égard des dispositions absolument opposées au droit romain et au droit canonique ; l'homme qui épousait une
femme avec laquelle il avait cohabité auparavant, ne
pouvait jamais avoir d'enfants légitimes avec elle [2], et
l'enfant naturel, quoique légitimé par l'empereur ou
par le pape, ne pouvait cependant hériter sur un pied
d'égalité avec les autres membres de la famille, comme
s'il eût été déjà légitime dans le sein de sa mère [3]. L'opinion de quelques savants [4], que cette exclusion ne con-
cernait que la succession des immeubles, et que les enfants légitimés par le pape ou par l'empereur héritaient
des biens meubles, ne nous paraît pas suffisamment mo-
tivée.

Les tribunaux, fidèles aux anciens principes, se re-
fusaient par conséquent à admettre les bâtards légitimés
par le souverain à la succession de leurs parents, en
n'attribuant d'autre effet à cette légitimation que la suppression des autres incapacités, et notamment du déshonneur attaché à la naissance hors mariage ; à moins
que le rescrit ne mentionnât formellement et nominati-
vement le droit de succéder concurremment avec les
autres enfants ou parents légitimes [5]. Cependant, cette

---

[1] *V*. plus bas, sect. V.
[2] Miroir saxon, L. 1, a, 36-37.
[3] Miroir saxon, II. Miroir souabe, a. 376.
[4] Dieck, p. 5 s.
[5] Les empereurs définissaient dans leurs rescrits l'étendue du bénéfice qu'ils voulaient conférer aux légitimés. Ainsi Schilter, *Comment. ad jus feud. allem.*, cap. 40, § 4-5, a conservé deux rescrits
de légitimation, donnés en 1400 et en 1408, par l'empereur Rupert,

espèce de légitimation ne devint un usage général que depuis le règne de Charles VI, cet empereur ayant créé les comtes palatins (*comites sacri Palatii Lateranensis, Hof-pfalz-grafen*), qui comprenaient dans leurs attributions la faculté de légitimer les enfants naturels[1].

Quant à la légitimation par mariage subséquent, cette institution ne prévalut avec toutes ses conséquences que dans le XVIe siècle. Il est vrai que déjà le Miroir souabe (art. 378), différant sur ce point complétement du Miroir saxon, contenait une disposition qui attribuait au mariage la force de légitimer les enfants nés avant cette époque; mais c'est un point constant que cette disposition n'était pas l'expression du droit allemand du XIIIe siècle, puisque, bien plus tard encore, les tribunaux séculiers se sont refusés à reconnaître cet effet au mariage, et que la disposition n'était appliquée que par les tribunaux ecclésiastiques[2]. Cependant, cette espèce de légitimation fut reçue plus tôt dans l'Allemagne méridio-

---

dans les formules suivantes. Le premier porte :...... « Te legitimamus habilitamus, ad legitima jura reducimus, omnemque maculam et defectum ex tali generatione contractum abstergimus et abolemus, dantes *et ex testamento et ab intestato, absque tamen legitimorum liberorum præjudicio succedere.* » Celui de 1408 est conçu en des termes plus généraux : « Tecum qui ex soluto et soluta genitus diceris, — de plenitudine regiæ potestatis, ex certa nostra scientia — dispensamus, — et ad legitima jura reducimus per præsentes, tibi — concedentes ut defectu præfato non obstante, omnibus legitimis actibus, — officiis juribus et honoribus, — perfrui ac potiri, *nec non in bonis quibuscunque parentum, agnatorum, cognatorum et quorumcunque aliorum, etiamsi feudalia sint, ex testamento et ab intestato succedere valeas atque possis.* »

[1] Püttmann, *De potest. Comit. Palat. in Advert.*, L. III, n° 4.

[2] Il est d'ailleurs presque certain que l'auteur du Miroir souabe était un clerc.

nale que dans le nord, où les principes du Miroir saxon finirent néanmoins par céder aux règles moins sévères du droit romain [1].

Le point le plus controversé était la question de savoir si les enfants naturels, qui étaient exclus par le droit féodal allemand et lombard de la succession des fiefs pouvaient en hériter après leur légitimation. Il est vrai que les coutumiers allemands du XIIIe siècle et les coutumes féodales des Lombards déclaraient exclus des fiefs les bâtards légitimés, parce que le déshonneur (*macula bastardiæ*) n'était pas effacé par la légitimation [2]; mais à dater du XIVe siècle, la jurisprudence inclina vers le système opposé, et ce fut une règle du droit commun allemand, que les individus légitimés étaient admis à la succession des fiefs [3].

SECTION III. *Pays-Bas.*

Autrefois, dans la plupart des provinces qui forment aujourd'hui les royaumes des Pays-Bas et de Belgique, comme dans les contrées de la Franconie et dans la partie de l'Allemagne où le Miroir saxon réformé était en vigueur, on suivait, à l'égard des enfants naturels, le principe romain, exprimé par l'adage : « Une mère ne peut avoir de bâtard. »

---

[1] *V.* la Glose du Miroir saxon, L. I, a, 37 ; et le Miroir saxon augmenté, L. I, chap. 3.

[2] V. *Glossa latina ad jus feud. sax.*, C. 2, — Lib. II *Feud.*, 26, § 10, et sur l'art. 378 du Miroir souabe, qui sanctionnait le contraire, ce que nous venons de dire dans le texte.

[3] Les conclusions d'un ouvrage écrit récemment sur cette question difficile : Dieck, *Ueber die Lehnfolge-fähigkeit der Mantelkinder*, dans ses *Beiträge zur Lehre von der Legitimation*. Halle, 1832, sont conformes à cette doctrine

Les statuts de la Hollande méridionale de 1303 , ceux de la province de Groningue de 1382, ainsi que les statuts de la Gueldre et de la Zeelande , et les droits municipaux des villes de Gand , d'Anvers , de Middelbourg et de Flessingue , avaient tous suivi cette règle [1]. Dans la Hollande septentrionale, elle ne fut suivie que depuis la loi de 1599 sur les successions [2].

C'était un point controversé parmi les jurisconsultes hollandais , que de savoir si les enfants naturels pouvaient succéder aux autres parents de la ligne maternelle. *Grotius* [3] se décidait pour l'affirmative; *Bynkershoek* [4] soutenait le contraire , et cette opinion est présentée comme la meilleure par *Willem Schorer*, annotateur de *Grotius* [5]. En Groningue et en Gueldre , les bâtards ne pouvaient hériter des parents de la ligne maternelle ; ils devaient à cet effet être légitimés , soit par le mariage de leurs père et mère , soit par l'autorité souveraine [6].

Quelques statuts avaient suivi le principe germanique et exclu les bâtards de toute succession , même de celle de la mère [7]. La coutume de Lille en Flandre était de ce nombre , le voisinage des coutumes de France semble

---

[1] Bynkershoek , *Quæst. jur. privati*, L. III, cap. II. Schrassert , *Codex Gelro-Zutphanus* , *De success.*, § 8. Van Leeuwen , *Roomsch-Hollantsch Recht* , L. I, part. VII, nº 3.

[2] Van der Kessel, *Theses selectæ*, Thes. 343.

[3] Introduction à la Jurisprudence hollandaise , L. II, part. 17, § 28.

[4] *Quæst. jur. privati*, L. III, cap. II.

[5] Note 4 (p. 187), à l'endroit cité de *Grotius*.

[6] Schrassert, *De success.*, § 8. Van der Marck, *Instit. juris civilis*, p. 297.

[7] Stockmans, *Decis. Brabant.*, nº 67. Précis de Droit belge, § 9.

expliquer cette anomalie. De même, dans la succession
des fiefs, tout enfant illégitime était exclu [1], ce qui était
conforme au droit commun féodal. La Flandre faisait
exception à cette règle générale [2].

Cependant, les enfants incestueux et adultérins restaient privés, dans les Pays-Bas, comme dans les autres
pays, de tout droit de succéder, et c'était une disposition tout à fait exceptionnelle qui les faisait succéder à
leur mère dans la coutume de la Hollande méridionale
(art. 11) et dans celle de la ville de Dordrecht (art. 70) [3].

Les enfants incestueux et adultérins ne pouvaient recevoir, même par le testament de leurs parents, et à
titre d'institution d'héritier, que ce qui était nécessaire
à leur entretien [4]; tandis que les autres enfants bâtards
pouvaient être nommés héritiers par testament comme
tout autre étranger, quoique quelques coutumes eussent
défini la quotité qu'il était permis de leur léguer [5].

Quant aux biens laissés par les enfants naturels décédés sans postérité légitime, nous trouvons dans les
Pays-Bas moins de rigueur que dans les autres pays romano-germaniques. Le droit de bâtardise, droit appartenant au souverain, avait été de bonne heure abrogé
par les chartes, édits et placards. La renonciation à ce
droit, qui s'appelait aussi *havescot*, se faisait par les
souverains de ces provinces à titre de concession particulière, d'exemption et de privilége dans les chartes des
villes et des communes; ainsi *Saint-Génois* (Monuments

---

[1] Grotius, *ibid.* L. II, part. 41, § 45.
[2] Burgundus, *ad Consuetud. Flandr. tractat.* XIII, n° 3.
[3] Bynkershoek, *ibidem.*
[4] Coutume d'Anvers, tit. 45, art. 7-8. Van Leeuwen, *ibid.*, n° 4.
[5] Van Leeuwen, L. III, part. III, n° 11.

anciens essentiellement utiles à la France, aux provinces de Hainault, de Flandre, Brabant. Paris, 1782, f° 770) raconte que Guy de Dampierre et Isabeau de Namur renoncèrent en 1289 à leur droit sur les biens des bâtards, en faveur des bourgeois de Bruges, pour les services qu'ils avaient rendus. De même, le droit de succéder fut concédé aux parents des bâtards, dans la ville de Furnes, en 1296[1]. La charte du Franc de Bruges du XIIIᵉ siècle, et la coutume de la ville de Gand (Rubr. XXVI, a. 10-11), accordent à la mère et aux parents de la ligne maternelle, le droit de succéder au bâtard; la charte que Jean de Hainaut donna, en 1303, à la Hollande méridionale, concédait ce droit à la mère seule[2]. En Zélande, la mère et la ligne maternelle prenaient la moitié de la succession du bâtard, et l'autre moitié était dévolue au fisc[3]. Quelques statuts et chartes des villes accordaient même, en ce cas, le droit de succession aux parents de la ligne paternelle; de ce nombre étaient les statuts des villes de Delft et de Medemblick[4].

Un point controversé, celui de savoir si les bâtards pouvaient valablement disposer de leurs biens par testament, fut décidé affirmativement par deux arrêts de la cour suprême de Hollande, des 5 août 1504 et 17 novembre 1543[5]. Dans le Brabant cette faculté avait déjà

---

[1] Meyeri *Annal.* ad. annum 1296.

[2] *Raepsaet*, Supplément à l'Analyse historique et critique de l'Origine des Progrès des droits civils, politiques et religieux des Belges et des Gaulois. Gand, 1826, p. 45.

[3] Van der Keessel, *ibid.*, thes. 348.

[4] Voet, *ad Sctum Tertullianum*, nᵒ 27. Groenewegen, dans ses Notes sur *Grotius* (Introduct., etc.), L. II, part. 31, § 5, note 5.

[5] Van Leeuwen, L. III, part. III, nᵒ 5.

été concédée aux bâtards par la charte de Henri II, duc de ce pays, en 1247[1].

Quant aux enfants incestueux et adultérins, le fisc seul prenait leur succession, à défaut de descendance légitime[2].

La légitimation des enfants naturels (les adultérins et les incestueux ne pouvaient être légitimés) se faisait par le mariage subséquent ou par la faveur du pouvoir suprême, soit des ducs ou comtes, soit des états provinciaux, selon la forme monarchique ou républicaine des provinces. Les enfants légitimés succédaient à leurs père et mère comme les enfants légitimes, mais pour qu'ils pussent succéder aux parents plus éloignés, il fallait le consentement de ces derniers[3].

Les légitimations par mariage étaient souvent accompagnées d'une cérémonie, qui consistait à cacher les enfants à légitimer sous le voile ou le manteau nuptial pendant la célébration[4]. Cette coutume doit son origine à un symbole en usage chez les peuples de la race germanique et scandinave; symbole qui du reste se trouve déjà, pour les adoptions et les légitimations, dans la mythologie des Grecs[5].

Ce symbole pour la légitimation des enfants nés avant le mariage était très-répandu au moyen âge parmi les

---

[1] Miræi *Opera diplomatica*, t. I, p. 3o3.

[2] Grotius, L. II, part. 3i, § 6.

[3] Van Leeuwen, L. I, part. VII, n° 5-7. Edit de Charles-Quint du 10 octobre 1541, art. 3i, et Ordonnance du 19 mai 1544, art. 28.

[4] *V.* le jurisconsulte hollandais *Van de Spiegel*, Origines du Droit national, chap. 4, art. 4.

[5] Diodore (éd. Wesel, 1, 284) raconte que Junon, montant sur le lit, prit Hercule contre son sein, et le laissa couler jusqu'à terre à travers ses vêtements, *imitant la véritable naissance*.

nations romano-germaniques, il se conserva en Allemagne [1], en France [2], et dans les Pays-Bas. Dans ce dernier pays, et notamment en Hollande, la cérémonie fut supprimée depuis, et le mariage des parents légitima les enfants même en leur absence [3].

Le déshonneur attaché à la naissance illégitime était aussi bien imprimé à ces infortunés dans les Pays-Bas qu'en Allemagne. La charte municipale de Monniken dam, donnée à cette ville, en 1288, par le comte Florentin, défendit aux bâtards de porter témoignage en justice contre d'honnêtes gens; une charte hollandaise de 1291, renouvelée en 1417, promit aux habitants qu'ils n'auraient jamais un bailli qui ne fût point un homme d'honneur, ou qui serait bâtard [4].

Section IV. *Angleterre. — Écosse. — Irlande.*

La race celtique, qui avait disparu comme élément distinct en France, s'était conservée dans les îles Britanniques. Lors de l'invasion des peuples scandinaves et germaniques, les Bretons se réfugièrent dans les gorges des montagnes de Cornouailles et du pays de Galles, où ils conservèrent leur langage et leurs usages nationaux.

La licence des mœurs, l'instabilité des mariages et la polygamie, faisaient que les Celtes ne distinguaient pas entre les enfants légitimes et illégitimes [5]. Les monuments des coutumes galloises, qui sont parvenus

---

[1] *V.* sect. II.

[2] *V.* sect. V.

[3] Van Leeuwen, *ibid.*, n° 5.

[4] Van Leewen, *ibid.*, n° 4.

[5] *Michelet*, Histoire de France, I, p. 148.

jusqu'à nous, quoique rédigés à une époque plus récente, et portant déjà les traces de l'influence de l'élément germanique, se ressentent encore de cette bienveillance envers les enfants nés hors mariage, bienveillance qui contraste si fortement avec la rigueur des coutumes germaniques sur ce point.

Les lois de Hywel Dda [1] appelaient le fils illégitime à la succession du fief paternel, quand le fils légitime était malade, aveugle, sourd ou incapable de faire le service du seigneur. L'enfant né d'une femme et d'un étranger auquel elle avait été donnée en otage, ou par lequel elle avait été ravie contre sa volonté, héritait des biens de sa mère; mais si la mère s'était donnée volontairement à cet étranger, sans être mariée légitimement par ses parents, les enfants nés de ce commerce étaient exclus de la succession maternelle [2]. On voit que c'est en haine de l'étranger, et dans le but de punir la mère, que la loi excluait en ce cas les enfants naturels.

L'enfant naturel et adultérin était exclu de la succession paternelle, et ne jouissait des droits de famille que dans la lignée de sa mère [3]; mais la facilité qui lui était donnée par les coutumes galloises de se faire reconnaître par son père ou par sa famille paternelle, contre-balançait ce que cette exclusion pouvait avoir de sévère. Ainsi, non-seulement le père pouvait reconnaître volontairement l'enfant naturel comme le sien, mais il suffisait

---

[1] Cyfreithjeu Hywel Dda ac eraill, *seu Leges wallicæ eccles. et civiles Hoeli boni et aliorum Walliæ principum, quæ ex variis MMss. eruit, interpretatione latina et glossario illustravit* Guilelmus Wottonus. London, 1730, in-f°, p. 348.

[2] *Ibidem*, f° 148.

[3] *Ibidem*, f° 182.

qu'il lui eût donné une seule fois des aliments, pour
qu'il fût tenu de le reconnaître [1]. La mère pouvait aussi
le faire reconnaître par le père putatif, ce qui consti-
tuait une véritable recherche de paternité. Les lois de
Hywel Dda, et les triades de Dyvnwall Moelmud [2] diffèrent sur ce point. Les premières [3] donnaient le droit
au père de se décharger de la paternité par le serment :
il jurait devant l'autel, et la main gauche sur la tête de
l'enfant, que celui-ci n'avait pas une goutte de son sang
dans les veines. Les Triades, au contraire, n'admettaient point de dénégation contre le serment de la mère,
qui jurait la main droite sur les reliques, et tenant de
la main gauche la partie spécialement coupable de
l'homme qu'elle accusait [4].

Enfin l'enfant naturel pouvait se faire reconnaître
par la famille paternelle, après la mort de ses père et
mère; le baiser était le symbole de la reconnaissance :
« Si le père est mort, le chef de la famille, assisté de
six des hommes les plus honorables de la famille, a
pouvoir de le recevoir. Le chef de la famille prendra les
deux mains de l'enfant dans les siennes, et lui donnera
un baiser ; puis il placera la main droite de l'enfant dans
celle du plus ancien des assistants, qui le baisera aussi.
L'enfant passera ainsi de main en main jusqu'au dernier [5]. »

Mais l'occupation des peuplades germaniques, qui

---

[1] *Ibidem*, f° 184.

[2] Traduites en anglais par Probert, sous le titre de : *Ancient Laws
of Cambria*, London, 1823.

[3] F°s 237 et 370.

[4] Probert, p. 135.

[5] Probert, p. 203. Michelet, Orig. du Dr. fr., p. 12.

commença vers le milieu du V° siècle, changea tout. A la
place de la famille celtique, si imparfaitement connue,
s'impatronisa la famille germanique, qui excluait le bâtard de son sein et ne voyait en lui qu'un étranger. Les
premières coutumes écrites de ces conquérants germains,
connues sous le nom de lois anglo-saxonnes, gardent le
silence le plus complet sur les droits des enfants naturels, et comme ces coutumes forment la base et le point
de départ du droit coutumier de l'Angleterre, l'exclusion du bâtard, de toute succession, est restée, jusqu'à
nos jours, un principe fondamental du droit anglais.

Le droit anglais, formé de ces coutumes, et retrempé
par la conquête normande dans l'élément germanique,
offre, en ce qui concerne la position des enfants illégitimes, plus qu'en toute autre matière, la preuve de cette
résistance opiniâtre constamment opposée à l'influence
du droit romain et canonique. La légitimation des enfants naturels par le mariage subséquent, que le droit
romain et l'Église avaient fait admettre dans presque
toutes les législations de l'Europe, n'a pu conquérir une
place dans le droit anglais. Les jurisconsultes se pronon-
cent sur ce point de la manière la plus formelle et la
plus unanime : « Et quidem, » dit *Glanvilla*[1], « licet
secundum canones et leges Romanas talis filius » (savoir
le fils légitimé par le mariage subséquent) « sit legiti-
mus hæres, tamen secundum jus et consuetudinem regni nullo modo tanquam hæres in hæreditate sustinetur,
vel hæreditatem de jure regni petere potest. » Les tribunaux ecclésiastiques, à qui appartenait l'enquête sur

[1] *De Legibus Angliæ*, VII, 15. Bracton, *de Leg. Angliæ*, I,
4, et le Livre de Droit du XIII° siècle, connu sous le nom de *Fleta*,
chap. 39, § 4.

la question du fait de savoir si un individu était bâtard ou légitime, faisaient tous les efforts possibles pour faire admettre les règles du droit romain et canonique [1]; mais le pouvoir temporel sut résister, et se prononça énergiquement, en 1235, par le statut de Merton, chap. 9 : « Omnes comites et barones una voce responderunt quod nolunt leges Angliæ mutari, quæ huc usque usitatæ sunt et approbatæ. »

Il n'y avait ainsi d'autre moyen pour donner au fils naturel les droits d'un enfant légitime, que de l'adopter. C'est ce que fit Walter Clifford dans l'assemblée du peuple (*Common plea*) selon le *Chartularium Ecclesiæ Wigorniensis* [1].

Cependant le droit anglais, quoique ayant constamment exclu les enfants illégitimes de toute succession, leur attribuait des aliments. La recherche de la paternité était admise à cet effet, et le serment de la mère suffisait pour condamner le père putatif à l'alimentation ou à une indemnité, à moins que celui-ci ne pût établir la fausseté de l'accusation. En ce cas, la mère était tenue subsidiairement à remplir cette obligation, et à défaut des deux parents l'obligation retombait sur la paroisse [3]. Cette législation exista jusqu'en 1834 [4].

Le bâtard ne pouvait avoir d'autres héritiers que ses descendants légitimes; à leur défaut le roi héritait de

----

[1] Voir une lettre de Robert Capito, évêque de Lincoln, à sir Walter Raleigh, président de la cour du roi. Les paroles de Selden, *ad Fletam*, p. 538, doivent être de même attribuées à cette tendance vers l'Église et le droit canonique.

[2] Dryer, *De usu juris Anglo-Sax. in explic. jure Cimbrico*, p. 98.

[3] Blackstone, *Commentaries*, 1, ch. 16.

[4] Voir, sur les changements introduits par l'Acte 4 et 5 William IV, ch. 76, notre partie II, § 2.

ses biens [1]. Ce droit, que nous avons rencontré sous différentes dénominations dans tous les pays romano-germaniques, et sur lequel nous reviendrons avec plus de détail [2], s'appelait *escheat* [3].

Le droit écossais ne différait pas, en général, du droit anglais ; mais l'influence de l'élément romain et canonique avait réussi à y introduire la légitimation par mariage, ainsi que la règle du droit canonique, que les enfants nés d'un mariage nul, mais contracté de bonne foi, étaient réputés légitimes [4]. Quant au reste, les enfants naturels ne pouvaient ni succéder, ni laisser leurs biens à d'autres qu'à leurs enfants ; à leur défaut le roi succédait comme en Angleterre [5]. Le droit de tester n'était concédé qu'à ceux qui étaient légitimés par le mariage de leur père et de leur mère [6].

En Irlande les enfants naturels avaient eu des droits égaux à ceux des enfants légitimes, aussi longtemps que la coutume celtique, *Gabhalcine*, était restée en vigueur. Elle fut supprimée sous Jacques I, et le droit anglais a été depuis le droit commun de l'Irlande, dans le partage des successions [7].

SECTION V. *France.* — A) Ancien droit.

L'exclusion des enfants naturels établie dans les législations germaniques, s'est conservée dans le droit cou-

---

[1] Glanvilla, VII, 16.
[2] *V.* la sect. suivante.
[3] Blackstone, II, ch. II.
[4] John Erskine, *The Institute of the law of Scotland*, Edimbourg, 1828, I, p. 155.
[5] John Erskine, II, 918.
[6] John Erskine, II, 919.
[7] *Michelet*, Orig. du Dr. fr., p. 64.

tumier de la France. Les livres de droit connus sous le nom d'Assises de Jérusalem, et qui contiennent en grande partie le droit coutumier français du XI° siècle, époque si obscure dans l'histoire de notre droit civil, confirment ce que nous venons de dire. Toutes les fois que les Assises de la haute cour parlent de la succession à un fief, il n'y est question que des enfants légitimes [1].

Le Plédéant, chap. 39, est plus explicite; il dit formellement que l'usage de la haute cour ne permet pas que le bâtard succède au fief paternel, mais que les enfants *bastards* et *avoustres* (c'est-à-dire *adultérins*) héritent des biens de leur mère. Cette dernière faculté accordée aux bâtards est évidemment un vestige du droit romain.

Les Assises de la cour des bourgeois [2] permettent au père de disposer en faveur de ses enfants naturels de toute sa fortune, pourvu que les père et mère n'aient ni l'un ni l'autre des enfants légitimes. Cette faculté avait déjà été accordée au père bien auparavant, comme le prouve la formule 5 de l'Appendice de Marculfe que nous avons citée § 5 [3]. En cas d'existence d'enfants légitimes, le père ne peut, suivant le même chapitre des Assises, rien léguer à ses enfants naturels qu'avec l'assentiment des enfants légitimes. Cet assentiment que devaient donner les héritiers légitimes aux dispositions testamentaires du père de famille, est encore un principe essentiellement germanique : on en trouve les traces dans la plupart des lois barbares, et notamment dans celles des Lombards [4]. En un mot, le droit coutumier

---

[1] Cour des barons, ch. 155-166.

[2] *Id.* chap. 158.

[3] *V.* Bignon sur Marculfe, p. 967.

[4] Liv. II, tit. VIII, § 5-6.

français a de tout temps exclu les bâtards de toute succession. Ainsi Beaumanoir écrivait au XIIIe siècle :
« Bien sachent tuit chil , que sont bastards..... que il
n'ont droit *en nul descendance*, » et les coutumes offi-
ciellement rédigées [1] avaient également conservé la règle
qu'*enfants bâtards ne succèdent* [2]. On s'étonnera moins
de ce que le droit romain n'est point parvenu à mitiger
cette rigueur du droit coutumier, si l'on considère que
les Novelles 18 et 89 , qui avaient été si favorables aux
enfants naturels, n'étaient pas même suivies dans la
partie de la France qui était régie par le droit écrit [3], et
que l'exclusion des bâtards de toute succession était une
usance générale du royaume [4]. De même la règle du droit
canonique qui attribuait des aliments à tous les enfants
nés hors mariage , même aux enfants adultérins et incestueux , était observée dans toute la France [5].

L'ancienne législation ne limitait pas ses rigueurs envers les enfants illégitimes à la privation du droit de
succéder : avant saint Louis les bâtards étaient généralement serfs , selon le témoignage de Laurière [6] ; ce qui
est assez naturel quand on pense que, le plus souvent ,

---

[1] *Voir* les cout. de Paris, 310 ; Orléans, 310 ; Étampes, 128 ;
Normandie, 275 ; Anvergne, chap. XII, a. 10 ; Bretagne, 450 ; Va-
lençay , 5 ; Montargis , ch. XV , a. 5 ; Thionville , tit. XIV , a. 1.

[2] La coutume de Valenciennes et l'ancienne coutume de Saint-
Omer faisaient succéder les bâtards à leur mère. Cette anomalie
parmi les coutumes de France s'explique par le voisinage des Pays-
Bas, où le système romain était en vigueur. Cependant la coutume
réformée de Saint-Omer revint du système germanique.

[3] *Laferrière* , Hist. du droit français, II. p. 359

[4] *Jehan Bacquet* , Traité de bâtardise (OEuvres, I, p. 149).

[5] *La Thaumassière*, sur l'art. 30 de la Cout. du Berry, p. 935.

[6] *Glossaire*, V. *Bastard*.

un des parents était de la classe des serfs, et qu'en France comme en Allemagne, on suivait, pour les mariages entre personnes de différentes conditions, la règle : « En formariage le pir emporte le bon. » C'est saint Louis qui a le premier dérogé à l'ancien principe germanique, en établissant que l'enfant d'un serf et d'une femme libre serait franc [1].

Les bâtards ne pouvaient non plus se marier à un autre qu'à leur semblable, sans l'assentiment du seigneur ; ils ne pouvaient tenir bénéfices en France, sans dispense du pape [2], ni disposer de leurs biens après leur mort, ni les laisser à d'autres parents qu'à leurs enfants légitimes ; à défaut de ceux-ci leur fortune appartenait au roi ou au seigneur féodal.

Au temps de saint Louis les bâtards avaient conquis leur franchise ; en conséquence les établissements [3] de ce roi leur permirent *d'aumôner leurs meubles par testament*, et autorisèrent leurs femmes à prendre leur douaire sur ces meubles. Plus tard, depuis leur rédaction officielle, les coutumes attribuaient formellement le droit de tester aux bâtards [4], et selon *Loïsel* [5] c'était

---

[1] Établissement de saint Louis, l. II, ch. 31. — C'est donc à tort que *Brussel*, dans son Traité de l'usage général des fiefs, dit qu'on suivait *anciennement* en France la règle : *Partus ventrem sequitur*, et que le fils d'un serf et d'une femme ingénue était un homme libre. Avant saint Louis c'était la règle contraire qui était admise : cet enfant était serf comme son père. *Voir* les formules rapportées par *Michelet*, Origines du droit français, p. 267.

[2] *Jehan Bacquet*, Traité du droit de bâtardise (OEuvres, vol. 1, p. 147).

[3] Liv. I, ch. 97.

[4] Bretagne, 451 ; Orléans, 301, et 311 ; Lorris, 6 ; Bourges, 7 ; Berry, 30.

[5] Instit. coutum., I, 1, 41.

une règle générale du droit coutumier. L'ancienne coutume de Laon avait limité cette faculté ; selon elle, les bâtards ne pouvaient tester que de cinq sols [1].

Quant au droit de bâtardise ou de formorture qui donnait au souverain le droit de prendre les successions des bâtards décédés sans postérité légitime, et que nous avons trouvé tant en Allemagne qu'en Angleterre et dans les Pays-Bas, il se conserva dans l'ancien droit français depuis les temps les plus reculés jusqu'à la révolution du dernier siècle [2]. L'origine de ce droit royal ou fiscal est dans les coutumes germaniques. La loi des Francs saliens (tit. LXIII, *De eo qui se de parentilla tollere vult*, édit. Lindenbrog) parle d'une cérémonie par laquelle un individu se désistait de ses droits de famille : cet individu perdait le droit de succéder à ses parents, et de même ses parents ne pouvaient lui succéder ; sa fortune était dévolue au fisc. L'enfant illégitime, d'après le principe germanique, se trouvait dans une position identique ; il ne tenait à aucune famille, et ses biens se trouvaient vacants à sa mort s'il ne laissait pas d'enfants pour lui succéder. Le pouvoir royal s'en emparait d'autant plus aisément que les bâtards, ne se trouvant sous la garde de personne, étaient à la garde du roi. Du droit de garde au droit de succéder il n'y avait qu'un pas à faire.

Ce droit royal, les seigneurs l'avaient usurpé. Saint Louis se le réserva dans les terres soumises à son obéis-

---

[1] *Laurière*, I, 157.

[2] *Beaumanoir*, cout. et usages du Beauvoisis, p. 97. Décisions de Jean Desmares, décis. 139, 140 et 142. Établ. de saint Louis, 1, ch. 95.—Cout. de Berry, a. 19, ancienne, a. 66. Issoudun, 91 ; Bourges, 7 ; Bretagne, 446 ; Melun, tit. X, a. 7.

sance ; dans les autres , il appartenait au seigneur haut-justicier, sur la terre duquel le bâtard venait à décéder [1]. Louis X , Philippe le Long et Charles VII , continuèrent à circonscrire ce droit des barons [2], si bien qu'au XVIe siècle le roi succédait seul aux biens des bâtards décédés sans postérité légitime , et que les seigneurs hauts-justiciers ne pouvaient plus exercer ce droit que dans le cas où se trouvaient réunies les trois conditions suivantes , savoir : que le bâtard fût né , qu'il eût demeuré , et qu'il fût décédé sur leur terre [3].

Quelques ordonnances des rois de France, quoique n'ayant trait qu'indirectement à l'objet de notre travail , ne peuvent être passées sous silence , parce qu'elles ont créé , pour ainsi dire, de nouvelles espèces d'enfants illégitimes.

Henri II voulant marier sa fille naturelle , mademoiselle de Farnèse , au jeune duc de Montmorency , qui s'était fiancé à l'insu de son père à mademoiselle de Pienne , et le pape Paul IV ayant fait trop longtemps attendre la dispense de cette promesse de mariage, le roi promulgua une ordonnance (1556) contre les mariages de ceux qui , étant sous l'autorité de leurs père ou mère , n'en avaient pas préalablement obtenu le consentement. Des peines devaient être infligées à ces personnes selon l'honneur et la conscience du juge : les parents pouvaient les exhéréder, et révoquer en ce cas toutes donations et autres avantages faits en faveur de ces enfants ou qu'ils pourraient tenir de la disposition des cou-

---

[1] Établiss., l. II, chap. 3o, et l. 1, ch. 97.

[2] Ordonn. des rois de France, préface du vol. XV, p. 17.

[3] *Loisel*, Instit. coutum., 1, 1, 46. *Laurière*, préf. du vol. des ord. des rois de France, n° 108.

tumes. Une ordonnance de Henri III de l'an 1579 contient également des dispositions fort sévères contre les mariages clandestins [1].

L'édit de Poitiers, de l'an 1577 (art. 8), déclare incapables de succéder aux immeubles de leurs parents, autres que les acquêts, les enfants issus d'un mariage entre protestants [2].

Une ordonnance de 1639 revient encore sur les mariages clandestins. Elle déclare (art. 3) que les enfants nés de mariages, que les parties ont tenus cachés durant leur vie, seront incapables de toute succession, aussi bien que leur postérité. L'art. 6 de la même ordonnance prononce la même incapacité contre les enfants nés de femmes que les pères ont entretenues, et qu'ils épousent à l'extrémité de leur vie; disposition qui a été étendue, par l'édit de 1697, aux mariages des femmes, qui, sur leur lit de mort, épousent des hommes avec lesquels elles ont vécu en libertinage [3].

Dans le Recueil des ordonnances [4] on en trouve une qui établit l'égalité des droits entre les enfants légitimes et illégitimes de Raymond de Montauban, relativement aux fiefs qu'il tenait du dauphin dans le Dauphiné; mais c'est avec raison que l'auteur de la préface du quinzième volume des ordonnances (p. 28) observe que ces lettres patentes, accordées en 1404 par Charles VI, ne constituaient qu'un privilége particulier, car le droit commun du Dauphiné n'était pas plus favorable aux bâtards que les autres coutumes de France [5].

---

[1] Code matrimonial. Paris, 1770, I, 99 et 107.

[2] Code matrimonial, I, 106.

[3] *Pothier*, Tr. de success., ch. 1, sect. II, § 4.

[4] O. de Fr., IX, 37.

Salvaing, Usage des fiefs, chap. 66, et quelques autres juriscon-

Quant à la règle du droit canonique, que les enfants nés d'un mariage putatif n'étaient point réputés illégitimes, elle avait déjà été adoptée par le parlement de Paris en 1380[1]. C'était depuis un point établi dans l'ancien droit : on l'a conservé dans les articles 201 et 202 de notre Code civil.

Pour la légitimation, on a toujours suivi le principe du droit canonique, qui, excluant les enfants adultérins et incestueux, n'y admet que les enfants nés de personnes libres[2].

La légitimation des enfants naturels par mariage subséquent était usitée en France au XIII° siècle, avec les symboles employés chez les anciens peuples germaniques; *Beaumanoir*[3] nous en donne le témoignage le plus incontestable : « Chil, qui ne sont fors batards tout seulement, pueuvent estre fait loial hoir par estre mis sous le poële (*pallium*) à l'épouser, et ensuite se li enfans sont mis dessous le drap, lequel drap est accoutumé de mettre sur chaux, qui se marient sollempnement en sainte Eglise; sont loïal, puisque il i sont mis avec le père et avec la mère le mariage fesant, et puis lors ne sont pas li enfant bastart. » — « Enfans nais auant le mariage, mis soubs le poille sont legitimez, » dit Loisel dans ses Inst. coutumières (L. I, t. I, 39).

Nous avons vu que l'usage de mettre les enfants à légitimer par le mariage sous le manteau ou le voile s'est

---

sultes cités par *Jehan Bacquet*, etc., prétendaient que l'usage en Dauphiné était de faire succéder les bâtards à leur mère.

[1] *Jean Desmares*, Décis. 11.

[2] *Pothier*, Traité des succ., chap. 1, sect. II, § 5.

[3] Cout. du Beauvoisis, chap. 18.

conservé de même en Allemagne et en Hollande [1] ; de là leur nom de *mantelkinder*, *mantilkinderer*, enfants mis sous le drap, enfants de manteau [2].

Cependant, pour la succession des fiefs, cette légitimation avait moins de valeur, puisque les coutumes de l'empire de Romanie ou Latin, calquées, comme on sait, sur les Assises de Jérusalem, ne reconnaissaient point comme moyen valable de faire succéder les enfants naturels au fief paternel, le mariage contracté avec la concubine pendant sa dernière maladie ; ces enfants ne pouvaient hériter que des biens meubles [3].

Les rois de France donnaient aussi des lettres de légitimation, qu'ils se faisaient payer comme des lettres de naturalisation accordées aux étrangers [4]. Le parlement de Toulouse condamna encore, le 28 mai 1462, Jean Navar, chevalier et comte Palatin, à l'amende honorable et à demander pardon au roi, pour avoir, *au préjudice de l'autorité du roi*, octroyé des lettres de légitimation [5].

Dans les derniers temps de l'ancien régime, les lettres patentes du roi, avec la clause de succéder, étaient hors d'usage ; le bâtard n'acquérait par elles que le droit de porter le nom de son père et de prendre les armes de la maison avec une brisure de droite à gauche [6], usage que

---

[1] *V. suprà*, sect. II, IV.

[2] *Grimm*, Antiquités allemandes, p. 462. *Schwarz*, *De antiquo ritu liberos legitimandi per pallium*. Al. 1747. *Michelet*, Origines du dr. f., pag. 11.

[3] *Liber consuet. Imp. Roman.*, chap. 105.

[4] Ordonn. des rois de France, XV, préface, pag. 28.

[5] Divers opuscules tirés des Mémoires de H. Antoine Loisel, Paris, 1652, pag. 160-161.

[6] *Pothier*, Tr. des success., chap. 1, sect. II, § 6.

nous avons déjà rencontré parmi les familles nobles portugaises, sous la dénomination de *quebra de bastardie* [1].

L'usance générale de France était que les enfants illégitimes de pères nobles, reconnus par eux, étaient nobles; mais qu'ils étaient exclus de la succession comme les autres bâtards [2].

B) Droit transitoire.

Le grand changement dans les droits successifs à attribuer aux enfants illégitimes, était réservé à l'époque qui renouvela la France religieuse, politique et civile.

La convention nationale, indignée de la position des enfants nés hors mariage, voulut les venger des rigueurs des anciennes législations. Au lieu de fonder le principe de la succession sur le lien civil du mariage, la convention prit pour unique base de l'ordre successif, l'affection présumée du défunt selon la proximité du sang. La succession romaine, avant la révolution que Justinien y introduisit, était fondée, à ce qu'on dit ordinairement, sur la puissance paternelle, mais cette puissance même de *paterfamilias* avait sa base dans le mariage légitime, selon l'adage : *Pater est quem nuptiæ demonstrant*. Les races germaniques, qui reconnaissaient en principe la proximité de sang comme la base de la succession, excluaient néanmoins les enfants naturels, parce que pour être capable de succéder il fallait être issu d'un mariage valable. L'empereur Justinien, par ses Novelles, s'était rapproché à l'égard des enfants naturels des principes du

---

[1] *V. suprà*, sect. II de ce paragraphe.

[2] *Jehan Bacquet*, OEuvres, I, 149.

droit naturel ; mais il était réservé à la révolution de 1789 de faire triompher ici, comme partout, le droit naturel sur le droit positif, l'équité sur la politique.

La réaction contre tant de siècles d'injustices devait être violente ; elle le fut. Le sensualisme de l'époque, qui méprisait à tort l'institution du mariage, contribua à faire dépasser les limites. Après que la convention eut décrété, le 4 juin 1793, que les enfants nés de personnes libres, hors mariage, avaient le droit de succéder à leurs père et mère, et que la forme dans laquelle ce droit devrait être exercé, serait déterminée par la législation à intervenir, l'égalité des droits des enfants légitimes et des enfants naturels ne tarda pas à être établie. Elle le fut quelques mois plus tard par le décret du 12 brumaire an II. Les paroles du rapporteur Cambacérès portent l'empreinte d'une vérité méconnue, hélas ! même de nos jours dans tous les pays européens, et ne méritent nullement le blâme qu'un auteur distingué [1] a déversé sur elles. « Dans un gouvernement basé sur la liberté, disait le futur consul, les individus ne peuvent être la victime des fautes de leur père. L'exhérédation est la peine des grands crimes ; l'enfant qui naît en a-t-il commis ? Et si le mariage est *une institution précieuse*, son empire ne peut s'étendre jusqu'à la destruction de l'homme et des droits des citoyens. »

Pour justifier cette théorie par une preuve décisive, il nous suffira de rappeler que le plus grand philanthrope qui ait été assis sur un trône, l'empereur Joseph II, l'avait consacrée dans son Code civil [2].

---

[1] M. Laferrière, Hist. du droit français, II, p. 331.

[2] Part. 1, chap. 8, § 16. Léopold II, son frère et successeur, revint à d'autres dispositions, qui ont encore été plus circonscrites par le Code civil autrichien de 1811. *V.* notre part. II, § 3.

De même que la législation de Joseph II , le décret de la convention excepta les enfants adultérins. « On a pensé presque unanimement , ajoutait le rapporteur, que le respect des mœurs , la foi du mariage , les convenances sociales , ne permettaient pas de comprendre dans la disposition de la loi les enfants nés de ceux qui étaient déjà liés par des engagements [1]. » En effet, l'art. 12 du décret excepta les enfants adultérins , et ne leur attribuait , à titre d'aliment, que le tiers de la portion d'un enfant légitime , c'est-à-dire ce que le Code civil laisse en définitive aux enfants naturels.

Mais la convention ne se contenta pas de déclarer égaux les droits des enfants naturels et légitimes, sur les biens de leurs père et mère ; elle établit encore la successibilité réciproque entre les enfants naturels et les parents collatéraux , et donna le droit de représentation pour l'exercice de ces nouveaux droits aux enfants des individus nés hors mariage [2]. Enfin, elle imprima à son décret une force rétroactive , en déclarant qu'il serait applicable à tous les enfants naturels dont les droits étaient ouverts depuis le 14 juillet 1789. Plusieurs lois de la période révolutionnaire avaient fixé à cette époque le terme de leur force rétroactive ; voici comment la convention , à l'occasion d'une autre loi , justifiait cette disposition [3]. « Il n'y a point d'effet rétroactif à dater du 14 juillet, parce que la loi n'a fait que développer les principes proclamés par un grand peuple qui s'est ressaisi de ses droits. L'effet rétroactif commencerait là seulement où l'on dépasserait cette limite. » Cependant

---

[1] Choix des Rapports , t. XIII , p. 353.

[2] Art. 9 et 16.

[3] Décret du 22 ventôse an II , a. 4.

le 10 thermidor fit justice de cette violation d'un des premiers principes de justice et d'équité. Par une loi du 15 thermidor an IV, le pouvoir législatif supprima la rétroactivité attachée aux décrets du 4 juin 1793 et du 12 brumaire an II ; les individus qui étaient atteints par ce changement dans la loi , furent indemnisés par une pension alimentaire, qui consistait dans le revenu du tiers de la portion d'un enfant né en mariage. Quant aux droits des enfants naturels ouverts depuis les décrets du 4 juin 1793 et du 12 brumaire an II, ils restèrent les mêmes jusqu'à l'introduction du Code civil.

Les procès scandaleux en recherche de paternité [1], si favorisés par l'ancienne législation , et que *Bigot-Préameneu* n'hésita pas de qualifier de fléaux de la société , dans son discours au Corps législatif, du 11 mars 1803, avaient également fixé l'attention des réformateurs républicains. Le même décret du 12 brumaire an II déclara que la preuve de la paternité et de la maternité naturelle ne pourrait plus résulter que de la représentation d'écrits publics ou privés du père ou de la mère , ou d'une suite de soins donnés sans interruption à leur entretien et à leur éducation. Le Code Napoléon (article 340 et suiv.) modifia , comme nous le verrons plus loin [2] , les règles relatives à la recherche du père et de

---

[1] L'Édit de Henri II, confirmé par une ordonnance de Henri III de 1586, et par une déclaration de Louis XIV du 25 février 1708, avait obligé les filles enceintes à révéler leur grossesse sous des peines sévères , et la maxime *creditur virgini* avait été en même temps généralement appliquée. Quant au premier moyen il trouve une répulsion dans les mœurs ; quant au second , la recherche illimitée de la paternité , il ne profite qu'à des femmes éhontées qui spéculent sur les apparences et sur le scandale.

[2] Partie II . § 6 de cet Essai.

la mère. Le conseil d'état, en discutant le projet du Code, avait d'abord établi l'interdiction de la recherche de la paternité, sans aucune exception, et ce ne fut que sur les observations du tribunat que l'art. 340 du Code fut rédigé tel qu'il est aujourd'hui[1].

§ 7. Droit scandinave.

Les contrées septentrionales de l'Europe furent évidemment la pépinière et la résidence des peuplades germaniques que nous voyons se ruer sur le centre et le midi de l'Europe dans les premiers siècles de notre ère. Cette origine, indiquée d'abord par plusieurs traditions populaires, par des auteurs anciens comme Jornandus, Frédégaire et Paul Diaconus, rejetée plus tard à cause de son incertitude, se confirme aujourd'hui que de sérieuses études sur l'ancien droit des peuples scandinaves ont constaté une ressemblance incontestable avec les anciens us et coutumes des peuples germaniques, que le monde civilisé salua du nom de Barbares à leur avénement sur la scène de l'histoire.

Les Scandinaves restés à l'abri du contact avec d'autres peuples, ont conservé plus longtemps la physionomie et l'esprit national de leurs coutumes, dont l'étude sert ainsi à expliquer et à compléter le peu de notions que nous possédons sur celles des Germains, à l'époque où ils n'avaient pas encore de lois écrites ; car ce que César et Tacite nous ont conservé ne suffit pas pour en donner une idée complète, et quant aux premières lois rédigées par écrit, elles ont toutes plus ou moins subi l'influence de l'élément romain.

---

[1] *V. Locré*, la Législation civ. comm. et crim. de la France, t. VI, p. 119, 179, 183, 212, 266 et 318.

La position des enfants nés hors mariage dans les anciennes coutumes scandinaves est un objet d'étude d'autant plus intéressant, que nous ignorons complétement quelle était la position de ces individus chez les anciens Germains avant l'époque de la rédaction des lois Barbares.

Les Sagas (fables, contes) des peuples scandinaves, qui font partie de leur mythologie, servent à nous donner des renseignements sur leur état antéhistorique, à l'instar de la mythologie des Grecs. Dans celle des Islandais, le mariage nous apparaît avec un caractère qui se rapproche beaucoup de ceux que nous avons décrits chez les Athéniens (V. *supra*, § 2). Le principe du mariage est monogame, sans cependant que cette institution soit parvenue à triompher du concubinat. A côté de l'épouse légitime, *husfreyia*, nous voyons souvent une concubine, *frilla*; la Laxdœla-Saga (pag. 28 et suiv.) nous dépeint la position de la concubine vis-à-vis de l'épouse légitime; elle est plutôt sa servante que sa rivale, et n'a aucun droit de commander dans la maison.

La Gunulang-Saga (p. 199) nous apprend que les enfants naturels des femmes riches étaient toujours exposés dès leur naissance, pour ne pas témoigner du déshonneur de leur mère.

Le mariage légitime devait être précédé de fiançailles, et la femme devait être achetée de ses parents; ce prix s'appelait *mundr* (la *mundium* des Germains[1]). « Personne ne peut hériter, dit l'ancien Code islandais, connu sous le nom de Gragas, s'il n'est né d'une mère qui a été achetée pour un marc au moins[2]. » Ce même Code ren-

---

[1] *Egils-Saga*, c. 9. n. f. *Niels-Saga*, c. 10, 13, 27.

[2] *Codex juris Islandorum antiquissimus qui nominatur Gragas*; Comment. erit *Schlegelii*. 1, p. 370.

ferme déjà la maxime qui déclare illégitimes et exclus de la succession, les enfants procréés par des parents de condition inégale. L'enfant que la femme ingénue a eu d'un serf, ou d'un affranchi, si elle lui a donné la liberté pour l'épouser, est illégitime, de même que l'enfant conçu à l'époque où la mère était serve[1]; ce sont deux dispositions tout à fait opposées aux règles du droit romain[2]. L'ancienne loi islandaise déclare encore incapables d'hériter plusieurs classes d'enfants qui sont réputés légitimes dans nos lois modernes, tels que ceux qui sont nés d'un père ou d'une mère exilés[3], ou de parents en état de mendicité[4]; l'enfant procréé par un vieillard de quatre-vingts ans ou par un individu en état d'imbécillité ou de démence, s'ils se sont mariés sans l'assentiment des parents[5].

Cependant, l'exclusion des bâtards n'était pas aussi absolue que chez les Athéniens et chez la plupart des peuples germaniques. Le code Gragas les appelle à défaut de fils, de fille, de père, de mère et de frères et sœurs; en sorte qu'ils viennent avant l'aïeul et l'aïeule, et avant les petits-enfants légitimes. Cette disposition, toutefois, ne concerne pas les enfants adultérins ou incestueux[6].

Le *Jonsbok*, code donné à l'Islande par le roi norvégien *Magnus Lagabœtir* (Magnus le Réformateur des lois), dans la seconde moitié du XIIIe siècle, après l'as-

---

[1] *Gragás*, I, 178.

[2] *Partus ventrem sequitur et sufficit autem liberam fuisse matrem eo tempore quo nascitur, licet ancilla conceperit.*

[3] *Gragás*, I, 178.

[4] *Gragás*, I, 378 et 324.

[5] *Gragás*, I, 177 et 378.

[6] *Ibidem*, 171, 222 et 180.

sujettissement de l'Islande à la Norvége, assigne aux enfants naturels une position à peu près semblable ; on y trouve cependant la légitimation par mariage subséquent, inconnue dans les anciennes coutumes islandaises, et l'adoption de l'enfant par le père naturel, si ses enfants légitimes majeurs y consentent. La première de ces dispositions doit être attribuée à l'élément canonique qui se trouve dans le Jonsbok ; la seconde était une ancienne coutume norvégienne [1] que nous avons rencontrée de même dans les lois des Lombards [2].

L'achat de la femme, dans le but d'assurer aux enfants la légitimité, se retrouve dans les anciennes coutumes de la Norvége, où le christianisme travailla de bonne heure à déraciner le concubinat [3]. La position des bâtards y est à peu près la même qu'en Islande ; ils sont appelés à la succession à défaut des mêmes parents légitimes, auxquels la loi norvégienne ajoute l'aïeul paternel et le fils du fils ; l'aïeul maternel et le fils de la fille ne viennent qu'après les enfants illégitimes [4].

Dans le Danemark, et avant l'introduction du christianisme, les enfants naturels étaient traités presque sur le pied de l'égalité avec les enfants légitimes ; les enfants adultérins seuls étaient exclus du droit d'hériter [5].

Du reste, cette dernière classe d'enfants n'était pas très-nombreuse ; car les anciennes coutumes danoises ne

---

[1] *Ibid.*, 116 s.

[2] *V. supra*, § 5.

[3] *Paus, Samling of gamle Norske Low*, 1, 40 et 67.

[4] *Paus*, 1, 115 s.

[5] *Normann, De legitimatione secundum jus patrium antiq. et hodiernum, Hafniæ*, 1823, pag. 5 et 14 s.

considéraient l'adultère que du côté de la femme, en abandonnant la punition de ce crime au mari, tandis que celui-ci pouvait impunément violer la foi conjugale[1]. Cette dureté s'explique par l'absence du mariage régulier et monogame chez ces anciennes populations. L'introduction du christianisme, l'influence du droit canonique[2] et l'établissement définitif du principe monogame opérèrent un grand changement. Les lois commencèrent à faire une mention expresse de l'adultère commis par le mari, et la femme, en se mariant, acquit un droit sur la moitié du lit nuptial[3]. Les enfants naturels, en général, furent placés en seconde ligne : ils n'héritaient plus que de leur mère et de leurs parents maternels, qui avaient par réciprocité le droit exclusif d'exiger l'amende pour le meurtre du fils naturel ou pour le viol de la fille naturelle[4]. Les lois danoises du moyen âge suivaient ainsi, à l'égard des droits de succession des enfants illégitimes, le même système que le droit honoraire introduit par le préteur romain.

Les anciennes lois de la Suède et de la Gothie exigeaient, comme toutes les lois scandinaves, les fiançailles, le *mundr* de la femme légitime ; mais en général les règles sur les mariages inégaux y sont moins défavorables aux enfants qui en sont issus, que les autres lois

---

[1] *Normann*, p. 6 s. Les *Sagas* contiennent des exemples de la peine de mort infligée par le mari pour le crime d'adultère. Les Scythes et les Romains, avant la *lex Julia de adulteriis*, avaient de même le droit de vie et de mort sur leurs femmes adultères. *Horatii* carm., l. III, od. 24. *Heineccii*, Antiq. rom. I, 10. 6.

[2] C. 3, 6. 32, q. 4. — C. 15, 6, 32, q. 5.

[3] *Normann*, p. 9.

[4] Loi Seeland. d'Eric, I, 16. Loi Seel. de Waldemar, II, 44. Loi de Jutland., I, 21. Loi de Schonen, III, 16.

scandinaves et germaniques. Dans le mariage d'un ingénu avec une serve, ou d'un serf avec une ingénue,
l'enfant suit la condition de son parent libre ; l'enfant
d'une femme qui a été l'objet d'un rapt ou d'un viol,
ainsi que celui qui est né de personnes légalement fiancées, est réputé légitime et apte à succéder [1]. Pour les
enfants de personnes fiancées, cette règle s'appliquait
dans toutes les lois scandinaves [2]. Quant aux droits de
succession qui revenaient aux enfants illégitimes selon
les lois de Suède, elles leur attribuaient généralement la
succession de la mère en totalité, et une part seulement
de la succession paternelle. Les lois de la Gothie étaient
plus sévères : celle de la Gothie occidentale excluait les
bâtards de la succession du père ; celle de la Gothie orien-
tale les déclarait incapables de succéder à leurs père et
mère [3].

La loi de l'île de Gothland [4] faisait une distinction
importante, concernant la succession des terres, entre
les bâtards issus de père et mère goths, et ceux qui
étaient nés d'une mère étrangère ; les premiers héritaient de leurs parents à défaut de fils légitimes, tandis
que les derniers n'avaient droit qu'à des aliments et à
quelques objets de première nécessité.

La légitimation des enfants naturels occupe une place
importante dans les lois scandinaves. Elle portait d'a-
bord, ainsi que la recherche de la paternité, l'empreinte

---

[1] *Samling of Sweriges Gamla Lagar, utgifven of Dr. K. §. Collin
och. Dr. C. J. Schlyter*, vol. II, 98. — Lois suédoises et de la Gothie, citées chez *Gans, Erbrecht*, IV, 649.

[2] *Normann*, p. 2.

[3] *Normann*, p. 30 s.

[4] *Guthalagh*, p. 41.

rude de ces hommes du Nord : le duel, et la preuve par
le moyen d'un fer rouge, étaient les plus anciens usages
par lesquels un enfant naturel se donnait un père et une
famille [1]. Mais lorsque les combats singuliers et les ju-
gements de Dieu cessèrent d'être les uniques preuves,
ces anciens usages furent remplacés par la légitimation
volontaire du père. Les anciennes lois provinciales de
Suède portaient ces débats devant un jury spécial, dont
l'avis était soumis à l'approbation de l'évêque [2].

Cette légitimation faite par le père devant la commune
ou devant le juge, était, selon nos idées modernes,
plutôt une reconnaissance qu'une légitimation ; car l'enfant ainsi légitimé ne jouissait pas de tous les droits d'un
enfant légitime.

Selon les lois danoises de Schonen et de Seelande,
le père, en reconnaissant dans l'assemblée du peuple
son enfant naturel, pouvait lui assigner tout ou partie
de ses biens ; mais à défaut de cette assignation, l'enfant reconnu n'avait aucun droit sur la succession paternelle [3]. Si le père avait, à l'époque de cette reconnaissance, des enfants légitimes, il ne pouvait donner à
l'enfant légitimé que la moitié de la part qui revenait à
un enfant légitime [4].

La loi de Jutlande, tout en déclarant que l'enfant légitime ou reconnu devait être content de ce que le père
lui avait assigné, lui donnait cependant un droit de succession pour le cas où le père n'y avait point pourvu.
L'enfant légitimé succédait à la totalité des biens, s'il

[1] Mittermaier, *Gen. deutsches Privatrecht*, § 367, note 2. *Normann*,
p. 47-52.

[2] *Stiernhoek, De jure Sueonum*, p. 173.

[3] *Normann*, pag. 63.

[4] *Ibidem*, p. 68.

n'existait point d'enfants légitimes ; et dans le cas contraire, il héritait de la moitié de ce qui revenait à ces derniers [1].

Dans les anciennes lois de l'île de la Norvége, la reconnaissance des enfants naturels se faisait en forme d'adoption, et cet acte donnait à l'enfant adopté (*Attleider*, *Tinglyst Barn*) le droit de succéder à l'adoptant et à toute sa famille [2]. On appliquait ainsi à l'adoption d'un enfant naturel les mêmes formes de tout autre individu [3].

Enfin, une autre forme de légitimation est celle qui se faisait par le mariage subséquent. Celle-ci donnait tous les droits des enfants légitimes ; elle se trouve dans toutes les lois scandinaves [4], excepté dans l'ancienne Gragas d'Islande. Nous sommes portés à croire que le mode de légitimation est lié à l'influence du christianisme, et surtout à celle que le droit canonique fit subir aux lois des peuples scandinaves.

Il est vrai que les anciennes *Sagas* contiennent des exemples de femmes enlevées à leurs parents, qui, après avoir obtenu leur pardon, ont procréé des enfants légitimes ; mais personne n'en voudra induire que la légi-

---

[1] *Ibidem*, p. 90 et 93

[2] P. 102.

[3] Nous avons vu plus haut, § 2, qu'on a induit d'un passage de l'orateur *Isœus*, que les Athéniens avaient une manière semblable de légitimer les bâtards.

[4] *Voir* pour la Norvége la loi Gulathing, titre des succ., ch. 7. La collection d'anciennes lois norvégiennes de Paus, t. II, p. 49. Le *Jonsbok*, pag. 103. — Pour le Danemark : loi de Jutlande, I, 25 ; loi de Schonen, III, 17 ; loi de Seelande, 1, 50 ; lois municip. du roi Jean, chap. 29 ; pour la Suède, les lois de la Gothie et de la Suède, aux endroits cités par *Gaus*, IV, 6 et 8, et *Normann*, p. 129.

timation par le mariage subséquent des père et mère, était en usage dans ces âges reculés. Même longtemps après l'introduction du christianisme chez les nations scandinaves, le mariage des père et mère ne rendait pas légitime l'enfant né avant cette époque ; la loi de Schonen et celle de Seelande de Waldemar, exigeaient formellement en outre la légitimation du père en justice [1]. La loi de Jutlande et celle de Seelande d'Eric, donnèrent au mariage la force de légitimer le bâtard [2]. Plus tard le même droit fut introduit dans l'île de Schonen [3].

C'est ici le lieu de parler de cette disposition de la loi de Jutlande [4], qui considérait la concubine comme épouse légitime, dès qu'elle avait cohabité trois ans avec le même homme, dînant, couchant avec lui, et disposant des clefs de sa maison. Ses enfants jouissaient également de tous les droits d'enfants légitimes. M. Michelet, dans ses Origines du droit français, page 44, a dit avec beaucoup de justesse que cette loi du nord rappelait en quelque sorte le *trinoctium usurpatio* des Romains. Quant à l'origine de cette disposition particulière, il faut la chercher dans une transaction du législateur avec la répugnance que les Scandinaves éprouvaient pour les mariages selon le rite ecclésiastique, même longtemps encore après l'introduction du christianisme.

§ 8. Ancien droit des peuples slaves [5].

La tradition établit que les Slaves, dans les premiers

---

[1] Loi de Schonen, III, 17. Loi Seelande de Waldemar, II, 45.

[2] Loi Seelande d'Eric, I, 49. Loi de Jutlande, I, 25.

[3] *Normann*, p. 124.

[4] I, 27.

[5] Nous devons ce qui suit à l'ouvrage du professeur Macieiowsk

temps connus, enlevaient les filles pour les épouser, comme le font tous les peuples dans l'état de barbarie. C'est une forme de mariage que M. *Michelet*[1] dans son style poétique qualifie d'*héroïque*. Aujourd'hui encore, dans l'usage des pays riverains de l'Elbe, les personnes invitées à une noce y viennent armées, et font semblant de ravir la fiancée pour son futur[2]. On retrouve, dans l'histoire de plusieurs peuples slaves, des traces de l'achat des femmes[3]. Notre opinion est que cette coutume doit être d'une époque plus récente, puisque l'achat des fiancées ou des femmes a suivi, chez les peuples non civilisés, leur enlèvement, comme le système des compositions ou *wehrgelder* a remplacé la vengeance privée.

Les auteurs admettent généralement l'existence de la polygamie chez toutes les nations slaves indistinctement; mais les plus distingués, comme Schaffarich et Macieiowski, ne l'admettent que chez quelques-uns de ces peuples, et notamment chez ceux qui habitaient les bords de l'Elbe et la Poméranie; chez les autres, les souverains seuls pouvaient avoir plusieurs femmes, ainsi que cela se pratiquait chez les anciens Scythes et chez les anciens Germains. Les anciennes chroniques donnent à ces femmes tantôt le nom de *uxores*, tantôt celui de *concubinæ* ou de *pellices*[4].

Cette espèce de concubinat des rois ne se perdit pas

---

sur l'histoire du droit slave : *Historia Prawodawstw Slowianskich*, Varsorv, 1832. Nos citations appartiennent à la trad. allem., par le prof. *Busz, Stuttgart* et *Leipsick*, 1835.

[1] Origines du droit français, introd. p. 15.

[2] *Macieiowski*, tom. II, part. III, § 189.

[3] *Ewers, Das ælteste Recht der Russen*, p. 226 s.

[4] *Ibidem*, § 191.

même après l'introduction du christianisme. Selon les
anciennes chroniques, les fils de ces concubines avaient
le droit de succéder au trône à défaut d'enfants de l'é-
pouse légitime [1].

Mais l'histoire du droit slave ne contient aucune trace
d'un état de choses dans lequel les individus composant
la nation auraient pu entretenir légalement des concubines, ou dans lequel ces concubines ou leurs enfants
auraient eu le moindre droit de succession *ab intestat* [2].
Bien plus : les mariages dépourvus de la bénédiction
ecclésiastique qui avaient été en usage chez tous les
peuples slaves, cessèrent d'être reconnus comme des
unions légitimes, lorsque le pouvoir de l'Eglise eut acquis plus de force et de consistance. A partir du czar
Ivan Wasilievitch, la loi russe ne reconnait d'autres
mariages valables que ceux qui ont reçu la bénédiction
dans l'église; de toute autre union, il ne peut sortir que
des bâtards (*wybladok*) [3].

Les enfants nés d'une serve restaient dans le servage
avec leur mère, et n'avaient aucun droit sur les biens
de leur père. La Prawda Ruswa, qui était d'abord le
droit municipal de la ville de Nowogorod, et qui devint plus tard le droit municipal de la Russie, maintint
la dernière disposition, tout en changeant la première :
selon la Prawda Ruska, ou plutôt selon ses additions
postérieures, les enfants de la serve devenaient libres

---

[1] *Ibidem*, § 205.

[2] *Ibidem*, § 206.

[3] *Ibidem*, t. IV, § 270. — Cette aversion pour les bénédictions
nuptiales se faisait également remarquer chez les nations scandinaves, longtemps après l'époque où elles avaient embrassé le
christianisme. *V. Normann*, p. 136, note.

avec leur mère à la mort du père, mais ils n'avaient pas le moindre droit sur la succession paternelle [1].

Les bâtards, ainsi que les femmes qui les mettaient au jour, étaient flétris par l'opinion publique chez les anciens Russes. La seule injure verbale spécifiée et jurée dans la Uloschenie (Code d'Alexis Michailovitch de l'an 1649), était la qualité de bâtard donnée à des individus qui ne l'étaient pas. Ce même Code était si dur envers les enfants illégitimes qu'il défendait même leur reconnaissance et leur légitimation par mariage subséquent; avant comme après cette union ils étaient exclus de la succession paternelle [2].

Les lois polonaises excluaient également de toute succession paternelle les enfants nés de parents qui n'avaient point reçu la bénédiction dans l'église, en sorte que les Polonais, au seizième siècle, avaient entièrement oublié l'ancien usage des nations slaves de s'unir en mariage sans le concours de l'Église. La légitimation par mariage subséquent des enfants nés hors mariage fut permise en Pologne en l'an 1768 [3]. En Lithuanie elle avait déjà été en usage beaucoup plus tôt, mais l'enfant ainsi légitimé restait exclu de la succession paternelle, quoiqu'il perdît la qualité de bâtard. C'était la mère qui, en cas de meurtre d'un bâtard, avait le droit d'exiger l'amende ou composition [4], et en général les enfants nés hors mariage étaient considérés comme des parents de la mère.

Les statuts de Lithuanie et les lois hongroises ne con-

---

[1] *Ibidem.*

[2] *D. Gouroff*, Recherches sur les enfants trouvés, Paris, 1839 t. I, p. 112.

[3] *Maciejowski*, IV, § 268.

[4] § 269.

sidéraient point comme bâtards les enfants nés de parents qui s'étaient unis en mariage sans connaître leur degré de parenté. Mais les enfants étaient illégitimes du moment que les parents avaient connaissance de cet empêchement. En Hongrie, le pape seul pouvait légitimer les bâtards [1].

Quant à la recherche de la paternité, il paraît y avoir eu à cet égard une grande licence, qui, vers la fin du moyen âge, dut être réprimée en Pologne et en Russie par des lois positives, qui déterminaient la manière dont l'enfant devait prouver sa filiation légitime.

Le statut de Lithuanie permettait au père de désavouer un enfant, mais il fallait que ce fût immédiatement après sa naissance [2].

II. Partie comparative. — *Lois modernes des nations européennes et de quelques États de l'Amérique.*

Le jurisconsulte, si toutefois il mérite ce nom, qui ne connaît que les lois en vigueur dans son pays, ignorant à la fois l'ancien droit de sa patrie et les législations en vigueur chez les autres peuples, peut être comparé à un voyageur cloué sur un point du globe, ne sachant ni d'où il vient, ni où il est, ou bien à un marin qui ignore le degré de longitude et de latitude du point où se trouve son navire. Pour connaître l'origine de la législation qu'il applique journellement, le jurisconsulte est donc obligé d'étudier les anciennes lois et coutumes : de là l'utilité de l'étude historique ; pour assigner la place que les codes de son pays tiennent dans le rang des législations existantes, il doit étudier les lois

---

[1] § 275.
[2] § 293.

des autres pays civilisés : de là l'utilité de l'étude comparative ; l'une nous apprend ce qui a existé avant nous,
l'autre ce qui est à côté de nous.

C'est cette dernière étude que nous allons aborder.
Abandonnant désormais le système ethnographique que
nous avons suivi dans la première partie de notre travail, nous réunirons ici toutes les législations dans le
même cadre, et nous examinerons successivement, en
autant de paragraphes distincts, les cinq points suivants : 1° les diverses classes d'enfants illégitimes ; 2° la
recherche de la paternité et de la maternité, et la reconnaissance volontaire des enfants naturels ; 3° les
droits des enfants naturels reconnus ou adjugés sur les
biens de leurs parents ; 4° les héritiers des enfants naturels ; 5° la légitimation.

§ 1. Diverses classes d'enfants illégitimes.

Dans toutes les législations modernes nous rencon-
trons deux classes d'enfants illégitimes bien distinctes :
les enfants procréés par des personnes libres, qui, à l'é-
poque de leur cohabitation, auraient pu s'unir légitimement, et les enfants qui sont le fruit de l'adultère ou
de l'inceste. Le droit romain avait déjà séparé les *liberi
naturales* et les *spurii* ou *vulgo quæsiti*, des enfants
adultérins ou incestueux, *ex damnato coitu procreati*,
et sa rigueur était allée jusqu'à interdire à ces derniers
le droit de demander des aliments [1]. Ce droit leur fut
rendu par les canons de l'Église [2], et les lois civiles modernes, en ce qui touche les enfants adultérins ou incestueux, ont, en général, suivi les règles du droit ca-

---

[1] V. *suprà*, partie I, § 3.
[2] C. 5, X, *de eo qui duxit*.

nonique. La reconnaissance de ces enfants est défendue[1] ainsi que la recherche de la paternité et de la maternité[2], et ils ne peuvent, dans aucun cas, avoir droit qu'à des aliments[3].

Les aliments dus aux enfants adultérins et incestueux sont réglés d'après les moyens des parents et le nombre des héritiers; cependant, par un désir louable de prévenir les contestations en matière d'aliments, les Codes civils français (764), napolitain (680), sarde (958), badois (764, et néerlandais (916), décident, que si le père ou la mère a fait apprendre à l'enfant adultérin ou incestueux un art mécanique ou bien lui a assuré des aliments de son vivant, l'enfant ne pourra élever aucune réclamation contre la succession. Le Code néerlandais ne mentionne pas l'apprentissage d'un art mécanique.

Dans quelques législations, les enfants nés d'un père ou d'une mère engagés dans les ordres sacrés, ou liés par des vœux solennels à la profession religieuse, sont

---

[1] France et Bade, art. 335; Sard., 180; Deux Sicil., 158; Néerland., 338; Louisiane, 222; Haïti, 306.

[2] France et Bade, art. 342. Néerland. 344; Sard., 187; Haïti, 313. L'art. 230 du Code de la Louisiane permet la recherche de la maternité à toute espèce d'enfants illégitimes, pourvu que la mère putative ne soit pas une femme mariée.

[3] France et Bade, art. 762 et suiv. Deux-Siciles, 678.; Sard. 957-58; Haïti, 611-612; Suède, tit. des succ., ch. VIII, art. 7; Néerl., 914.

Dans les pays où les enfants naturels, *en général*, n'ont droit qu'à des aliments, une disposition spéciale pour les enfants adultérins ou incestueux était superflue. En Autriche et en Prusse où les enfants naturels succèdent à leur mère, les enfants adultérins jouissent du même droit. V. *infrà*, §3.

entièrement assimilés aux enfants nés de l'inceste ou de l'adultère [1].

Les législations modernes ne s'accordent pas sur la question de la légitimation par mariage subséquent des enfants incestueux et adultérins. C'est que déjà le droit canonique avait donné à l'égard des derniers l'exemple d'un retour sur lui-même. Rappelons ici, en peu de mots, ce que nous avons dit plus haut [2] : Avant Gratien et Alexandre III, le mariage entre personnes qui s'étaient rendues coupables d'adultère était défendu, à moins d'une dispense formelle obtenue de l'Église; mais, à partir de cette époque, ces unions furent permises sans qu'il fût nécessaire d'obtenir une dispense; alors, comme auparavant dans le cas de dispense obtenue, les enfants adultérins pouvaient être légitimés par le mariage.

Les Codes modernes se sont également divisés sur la question. Quelques-uns suivent l'ancien droit canonique, et interdisent formellement le mariage entre personnes qui ont été convaincues d'adultère commun [3]; mais la plupart, comme notre Code civil, n'interdisent point le mariage entre personnes qui se sont rendues ensemble coupables d'adultère, si la mort du conjoint [4] a rendu la liberté à l'époux précédemment engagé

---

[1] Code sarde, art. 171; Deux-Siciles, art. 258. — En France, la cour de Bourges a décidé, par arrêt du 14 mars 1809, que les enfants qu'un prêtre avait eus avec une laïque, pouvaient être légitimés par le mariage subséquent des père et mère (*Paillet*, note 5 sur l'art. 331, C. civil).

[2] Partie I, § 4.

[3] Néerland. 89; Autriche, liv. I, tit. II, art. 67-68.

[4] En cas de divorce, au contraire, le mariage de l'époux adultère avec son complice, est expressément défendu (Prusse, part. II,

dans les liens du mariage ; quant à la question de savoir si une telle union légitime les enfants adultérins, elle a encore été résolue dans divers sens.

Il n'y a que le droit commun allemand, le droit civil d'Autriche, de Prusse, et de quelques autres états allemands de deuxième ordre, qui aient suivi entièrement les traces du droit canonique, en donnant au mariage subséquent la force de légitimer les enfants adultérins[1]. La plupart des autres Codes modernes interdisent la légitimation de ces enfants.

La question de la légitimation des enfants incestueux par le mariage de leurs parents, mariage qui ne peut jamais avoir lieu que dans le cas d'une dispense obtenue selon le droit canonique[2], est plus simple ; toutes les lois modernes interdisent formellement cette légitimation[3], mais l'inceste y a nécessairement une signification plus ou moins étendue, selon le nombre plus ou moins grand de personnes entre lesquelles le mariage est interdit, car, tandis que notre Code civil[4] permet le mariage au quatrième degré entre collatéraux, c'est-à-

---

tit. 1, sect. 1, art. 25 ; France et Bade, 298 ; Néerland., 89 ; Autr., 118-119) pour les individus non catholiques. Les législations des pays catholiques n'admettent pas toutes le divorce ; la France, depuis la loi du 8 mai 1816, est également revenue au précepte de l'indissolubilité du mariage.

[1] Dieck, *Beitrage zur Lehre von der legitimation.* Halle, 1831, p. 259-261.

[2] France et Bade, 331 ; Sard. 172 ; Deux-Sicil., 253-255 ; Néerl., 327 ; Vaud, 178 ; Louisiane, 217 ; Haïti, 301.

[3] *V.* partie 1, § 4.

[4] France et Bade, 331 ; Sard., 172 ; Deux Sicil., 253-55 ; Néerl., 327 ; Vaud, 173 ; Louisiane, 217 ; Haïti, 301.

[5] Ainsi que les Codes napolitain, 159 et suiv. ; néerland., 37 ; pruss., part. 2, tit. 1, sect. , art. 935.

dire entre cousins germains, les législations qui suivent le droit canonique interdisent le mariage en ligne collatérale jusqu'au degré d'enfants de cousins issus de germains [1], ce qui équivaut au huitième degré selon la supputation civile, quoique ce ne soit que le quatrième d'après la supputation canonique.

La faculté du pouvoir spirituel de donner des dispenses, en restreignant en certains cas les empêchements de mariage pour cause de parenté, a été confisquée dans la plupart des états modernes au profit du pouvoir séculier, et au lieu du pape c'est le roi qui donne ces dispenses en France [2], dans les Pays-Bas [3], dans les Deux-Siciles [4], dans le royaume de Sardaigne [5], et dans plusieurs autres pays de l'Europe.

En France, malgré la rédaction tranchante de l'article 331 du Code civil, nous pensons que les mariages contractés en vertu des dispenses données par le roi suivant les articles 161 et suiv. du Code civil, modifiés par la loi du 8 avril 1832, ont la force de légitimer des enfants nés avant la célébration du mariage. Nous basons notre opinion sur les considérations suivantes : 1° les dispenses données par l'Eglise ont toujours eu cette force rétroactive; 2° notre Code civil ne définit nulle part l'inceste, dès lors la dispense une fois obtenue, il n'y a plus d'inceste, et, par conséquent, il n'y a point lieu d'appliquer l'article 331, qui, il faut en

---

[1] Bavière, liv. 1, chap. VI, art. 5, n° 9.
[2] Code civil, art. 161-163; loi du 16 avril 1832.
[3] Art. 88.
[4] Art. 161.
[5] Art. 173.

convenir, interdit d'une manière absolue la légitimation des enfants incestueux [1].

Comme nous avons traité dans ce paragraphe de tout ce qui concerne les enfants adultérins et incestueux, nous n'aurons plus à nous occuper dans les paragraphes suivants que des enfants naturels dans le sens plus restreint, c'est-à-dire des enfants nés de parents qui, à l'époque de la conception, auraient pu valablement contracter mariage.

§ 2. De la recherche de la paternité et de la maternité, et de la reconnaissance volontaire des enfants naturels.

« Pater est quem nuptiæ demonstrant. » Cette règle, établie par toutes les lois civiles, décharge l'enfant né dans le mariage de l'obligation de prouver sa filiation ; mais l'enfant né hors mariage, privé de cette règle protectrice, n'a point de père au moment de sa naissance. Sa filiation doit, par conséquent, être établie. Si le père reconnaît volontairement son enfant naturel, toute raison de douter disparaît, car *confessio reï regina probationum*. Mais, à défaut de cette reconnaissance volontaire, l'enfant ou ses représentants peuvent-ils faire constater la paternité par voie de procédure ? C'est sur ce point que les Codes modernes ont suivi des routes tout à fait opposées.

La recherche de la maternité est soumise à peu de

---

[1] Il y a sur cette question si controversée dans notre droit deux dissertations remarquables, insérées dans la *Revue de législation et de jurisprudence*, t. VIII, p. 37 suiv. et 150 suiv. L'une, de M. Valette, professeur à la faculté de Paris, conclut dans un sens opposé à notre opinion ; l'autre, de M. Pont, avocat à la Cour royale, conclut en notre sens. Toutes les deux ont mêlé à de bons arguments des arguments peu solides.

difficultés, puisqu'il ne s'agit de prouver que deux faits positifs, l'accouchement de la mère, et l'identité de l'enfant qui réclame sa mère avec celui dont elle est accouchée [1]; aussi toutes les législations ont-elles permis cette recherche. Mais à l'égard de la recherche de la paternité, procédure difficile sinon inadmissible à cause de l'impossibilité des preuves, les lois modernes se sont divisées en deux classes : les unes interdisant formellement cette recherche, les autres la permettant, la prescrivant même d'office à des tuteurs ou curateurs *ad hoc*.

Notre Code civil (340), abandonnant le système opposé de l'ancien droit français, interdit la recherche de la paternité, et marche à la tête des législations de la première classe. Son système a été suivi par les Codes de Sardaigne (185), des Deux-Siciles (263), du royaume des Pays-Bas (342), du grand-duché de Bade (340)[2], et celui de la république d'Haïti (311). Enfin une loi spéciale du 30 mai 1821 a interdit la recherche de la paternité dans toute la Hesse grand-ducale.

Cependant cette interdiction absolue de rechercher la paternité souffre quelques exceptions. Le Code français admet cette recherche dans un cas unique, celui où l'époque de l'enlèvement se rapporte à celle de la conception [3]. Le Code néerlandais y ajoute le cas de viol,

---

[1] Code civil français, art. 341; Prusse, II, tit. II, sect. 9, art. 618; Sarde, art. 186; Deux-Sicil., 264; Néerl., 343; Louisiane, 230.

[2] On sait que le Code civil de Bade est une traduction littérale de notre Code, avec des additions qu'on trouve au bas des articles.

[3] Il résulte des Extraits des procès-verbaux du conseil d'état, que lors de la discussion de notre Code civil, on avait également proposé d'admettre la recherche de la paternité en cas de viol; mais

en faisant ainsi disparaître une inconséquence de notre Code civil.

Le Code sarde ajoute, au cas d'enlèvement, celui où il résulte d'un écrit du père qu'il est l'auteur de l'enfant, ou qu'il lui a donné des soins continus en qualité de père. Le Code badois admet, hors le cas d'enlèvement, trois autres cas où l'on peut être déclaré père d'un enfant né hors mariage : 1° quand on a entretenu la mère de l'enfant ; 2° quand on est convaincu d'avoir cohabité avec elle à l'époque de la conception ; et 3° quand on a, par des moyens criminels, privé la mère de l'usage de ses sens, afin d'en abuser, et que ce fait se place à une époque correspondante à celle de la conception de l'enfant.

Dans toutes les législations qui ne permettent aux enfants naturels de se faire reconnaître par leurs parents que dans quelques cas exceptionnels, la reconnaissance volontaire de la part de ces derniers est d'une grande importance, puisqu'en règle générale ce n'est que par elle qu'il s'établit des rapports entre l'enfant et ses parents. Ce principe a été formellement énoncé dans le Code civil néerlandais, dont l'article 335 est ainsi conçu : « La reconnaissance établit des rapports civils entre l'enfant naturel et ses père et mère. »

Le Code civil français (art. 334) circonscrit la forme de cette reconnaissance dans des limites trop étroites, en exigeant qu'elle soit faite par un *acte authentique*,

---

on craignit la facilité avec laquelle les filles pourraient se procurer des témoins pour constater ce fait. Le premier consul intervint d'ailleurs avec sa lucidité et avec sa briéveté accoutumées : « La loi, dit-il, doit punir le coupable de viol, mais ne doit pas aller plus loin ; » et l'opinion du guerrier devint notre loi civile.

lorsqu'elle ne l'a pas été dans l'acte de naissance. Nous partageons, en effet, complétement l'avis de ceux qui regardent l'article 334 comme une dérogation formelle à la règle établie par l'article 1322. On a donc blâmé avec raison, suivant nous, le principe de notre législation qui repousse les reconnaissances faites par acte sous seing privé, et qui ne permet pas qu'un enfant soit reconnu dans le testament olographe de son père. Cependant, les auteurs et la jurisprudence se sont divisés sur ces points. Ainsi, des auteurs distingués on prétendu qu'en vertu de l'article 1322 les reconnaissances des enfants naturels faites par acte privé étaient valables [1], et il y a des arrêts qui ont déclaré valables les reconnaissances faites dans un testament olographe [2].

Toutes les législations permettent aux père et mère de reconnaître volontairement leurs enfants naturels, aussi bien celles qui admettent la recherche de la paternité, que celles qui l'interdisent; mais la reconnaissance n'a pas une aussi grande importance dans les premières, puisqu'à son défaut les enfants naturels peuvent se faire reconnaître ou adjuger par la voie judiciaire.

Toutes les lois civiles de l'Europe que nous n'avons point indiquées comme suivant le système de notre Code civil, admettent la recherche de la paternité; et parmi les codes modernes américains, celui de la Louisiane suit le même principe. Cependant le préjugé des races, si enraciné de l'autre côté du globe, a introduit des distinctions dépendantes de la couleur : ainsi la recherche de la paternité y est permise sans limite aux enfants libres et blancs seulement, tandis que les enfants libres

---

[1] Zachariæ, *Handbuch des franz. Civilrechts*, § 568.
[2] *Merlin*, Rép., vᵒ *Filiation*, nᵒ III.

de couleur ne peuvent exercer ce droit que dans le cas où le père putatif est également homme de couleur [1].

Le droit de rechercher son père naturel est évidemment d'origine germanique, et nous avons vu que les Scandinaves, ce peuple qui nous fournit des données si précieuses sur l'enfance de la race germanique, admettaient cet usage dans leurs premières lois.

Le droit commun allemand est resté fidèle aux anciens principes, en reconnaissant à l'enfant naturel ou à ses ayants cause le droit de rechercher la paternité, et la législation de l'Église lui est venue en aide [2]. Mais ce qu'il y a de remarquable, c'est que les docteurs allemands ont appliqué à cette procédure les règles du droit romain sur l'action *de agnoscendo partu* LEGITIMO, quoique le droit romain ne reconnaisse pas d'action *de agnoscendo partu* pour les enfants nés hors mariage. De cette manière, tous les genres de preuves sont admis dans le droit commun allemand, sauf un point controversé, celui de savoir si le serment peut être déféré au père en tout état de cause [3].

Les Codes civils d'Autriche [4] et de Bavière [5] suivent le système du droit commun allemand, et n'excluent aucun genre de preuves dans la recherche de la paternité. La loi autrichienne va jusqu'à poser la présomption légale que celui qui a cohabité avec la mère d'un enfant naturel en est le père, pourvu que l'enfant soit né après le

---

[1] Code de la Louisiane, art. 226.

[2] C. 5, X, *de eo qui duxit in matrim.*

[3] Zachariæ, dans la *Kritische Zeitschrift für Rechtswissenschaft des Auslandes*, vol. X, p. 4.

[4] Art. 138 et 163.

[5] Part. I, chap. IV, art. 9.

commencement du septième mois à dater de la cohabitation, et dans les dix mois qui ont suivi cette époque.
En Prusse, le législateur a établi plusieurs présomp-
tions pour guider le juge, vu la difficulté de la preuve
de la paternité, mais il n'exclut ni le serment supplétoire de la partie plaignante, ni le serment purgatoire
de la partie intimée [1].

En Suisse, où les enfants naturels sont fort nom-
breux, et tombent à défaut de parents à la charge des
communes, les lois non-seulement permettent, mais
prescrivent même d'office la constatation de l'état civil
des enfants illégitimes. Ainsi le Code civil du canton
de Vaud [2] fait adjuger les enfants illégitimes au père ou
à la mère par la voie des tribunaux, sans que cependant
l'enfant puisse réclamer les droits d'un enfant légitime.
S'il est adjugé au père, il porte son nom et fait partie
de sa commune, et le père doit pourvoir à son entretien, jusqu'à ce qu'il soit en état d'y pourvoir lui-même.
Si le père est absous, la mère est chargée des mêmes
obligations, et, à défaut de tous les deux, l'entretien
de l'enfant tombe à la charge de la commune, sauf son
recours contre eux.

Les faits sont prouvés par titres et par témoins, mais
le juge peut, selon les circonstances, déférer le serment
à l'une ou à l'autre partie. Cependant, pour que la mère
puisse être admise au serment supplétoire, il faut qu'elle
ait déclaré sa grossesse au juge de paix de son domicile,
avant le 180° jour, avec indication de l'auteur de sa
grossesse, ainsi que du temps et du lieu de la cohabita-

---

[1] Droit commun de la Prusse, part. II, tit. I, sect. XI, art. 1092,
et tit. II, sect. IX, art. 618.

[2] Tit. VII, ch. III, sect. II, art. 182-198.

tion ; il faut aussi que l'époque de ses couches coïncide avec les circonstances ainsi indiquées.

Les autres Codes des cantons suisses consacrent tous le même système quant au fond. Certaines garanties environnent le serment purgatoire ou supplétoire dans les Codes récents de Fribourg [1] et de Berne [2], où les législateurs ont cherché à trancher l'incertitude de la jurisprudence allemande sur ce point. En Argovie, le serment en cette matière est entièrement proscrit ; la loi n'admet d'autres preuves que celles résultant de l'aveu, de documents écrits ou de témoins. Au contraire, la preuve de la paternité est considérée comme parfaite, si la fille-mère a contracté une promesse de mariage valable avec le père, ou si celui-ci s'est vanté d'avoir cohabité avec elle, et que l'époque de la cohabitation coïncide avec le temps de l'accouchement [3].

Les législations suisses mettent encore d'autres restrictions à la recherche de la paternité si la mère est majeure et le prétendu père mineur, si la mère a déjà eu un ou plusieurs enfants naturels, si elle mène une vie dissolue, si elle a subi une peine infamante, ou si l'action est intentée contre un décédé ; la mère est déboutée de sa plainte en paternité [4]. De même l'action est prescrite par un laps de trois mois à compter du jour de la naissance de l'enfant [5].

En Suède, selon le Code de 1734 actuellement en vigueur, la recherche de la paternité n'est pas interdite,

---

[1] Art. 223 et suiv.

[2] Art. 194 et suiv.

[3] Code civil d'Argovie, art. 227-29.

[4] Vaud, 187 ; Berne, 165 ; Fribourg, 222-223 ; Argovie, 120-223.

[5] Vaud, art. 195 ; Argovie, art. 223.

ce qui est conforme aux anciennes coutumes natio-
nales [1]; mais ce qui est extraordinaire dans la législation de ce pays, et ce qui ne s'explique que par ses
anciennes lois (V. *suprà*, part. I, § 7), c'est qu'on déclare légitimes des enfants qui, dans la plupart des autres pays, sont réputés naturels. Ainsi l'enfant né de
fiancés, ou d'une mère devenue enceinte sous promesse
de mariage; l'enfant né d'une femme fiancée ou mariée
de bonne foi à un individu déjà fiancé ou marié, et
l'enfant né d'une femme victime d'un viol, sont tous
déclarés légitimes par la loi suédoise [2]. Ne sont enfants
naturels que ceux qui sont nés sans promesse de mariage, ainsi que les enfants qui sont le fruit de l'adultère ou de l'inceste.

Dans le Danemark, le Code de Chrétien V, qui forme
la base de la législation actuelle, sanctionne les mêmes
principes, et les enfants qui proviennent d'un mariage
putatif, qui sont le fruit du crime de viol, ou qui ont
été procréés sous la foi d'une promesse de mariage, sont
réputés légitimes [3]. La recherche du père naturel y est
permise comme dans toutes les législations scandinaves,
sans que la loi attribue cependant d'autre droit à l'enfant sur les biens de son père, que celui d'être nourri
et élevé à ses frais et aux frais de la mère [4].

---

[1] *V.* notre part. I, § 7.

[2] Code suédois, tit. des successions, chap. VIII, art. 1-6.

[3] Code de Chrétien V, liv. III, 16, 16, 8. Normann, *De legitim. secundum jus patrium tam antiq. quàm hodiernum.* Hafniæ, 1823, p. 142 et suiv. — Cet auteur démontre de la manière la plus précise (p. 148-158) que la constitution du 4 janvier 1799 n'a point eu pour effet de priver les promesses de mariage ou fiançailles de cette conséquence, point très-controversé parmi les jurisconsultes danois.

[4] Constitutions du 14 oct. 1763, du 10 déc. 1790 et du 28 oct. 1805

Quant à l'Angleterre, la loi de 1834 [1] n'a changé en rien le principe qui admet la recherche de la paternité, mais elle en a atténué les rigueurs en en modifiant les conséquences. Selon cette nouvelle loi, la mère est exclusivement chargée de fournir des aliments à l'enfant jusqu'à sa seizième année ; si elle est incapable d'y pourvoir, cette obligation retombe sur la paroisse [2], qui peut, en ce cas, exercer son recours contre le père putatif. Mais le serment de la mère ne suffit plus, comme sous l'ancienne législation ; le nouveau bill veut que le témoignage de la mère soit appuyé par d'autres témoignages à la satisfaction du tribunal (« The evidence of the mother of such bastard child shall be corroborated in some material particular by other testimony to the satisfaction of the court »). En outre, le père n'est chargé de l'obligation de pourvoir à l'entretien de l'enfant, que subsidiairement et en cas d'insuffisance des moyens de la mère ; enfin cette obligation cesse quand l'enfant a atteint l'âge de sept ans.

§ 3. Droits des enfants naturels reconnus ou adjugés, sur les biens
de leurs parents.

C'est à la fois la partie la plus importante de nos recherches et celle où les législations modernes diffèrent le plus entre elles ; car c'est l'ordre dans lequel sont appelés les enfants naturels et la part qui leur est assignée sur les biens de leurs parents, qui déterminent

---

[1] An act for the amendment and better administration of the laws relating to the poor in England and Wales. 4 et 5, Will. IV, c. 76.

[2] En Angleterre, le dixième de la taxe des pauvres était absorbé, il y a une dizaine d'années, par l'entretien des enfants illégitimes. — Revue encyclopédique, vol. LX, page 231, note 1.

pour ainsi dire le rang qu'ils occupent dans la famille.

Trois systèmes différents se présentent dans les législations existantes : celui qui ne reconnaît aucun droit de succession aux enfants naturels, ni sur les biens du père, ni sur ceux de la mère, nous l'appelons le système *germanique* ; celui qui ne fait succéder l'enfant naturel qu'à la mère et à toute la ligne maternelle, nous le désignons sous le nom de systèm *romain* ; enfin, le système *naturel*, qui donne à l'enfant illégitime une place parmi les héritiers du sang, et le fait succéder aux biens du père aussi bien qu'à ceux de la mère. C'est surtout dans les législations qui ont consacré le dernier système, que la position des enfants naturels est nuancée différemment, selon l'ordre dans lequel ils sont appelés parmi les autres héritiers, selon qu'ils succèdent aux père et mère seuls, ou à toute leur ligne, et enfin selon la quote-part héréditaire que la loi leur attribue.

Toutes les lois qui n'assurent aux enfants naturels que l'éducation et des aliments, et qui les privent d'une manière absolue du droit de succéder à leurs ascendants ou collatéraux, ont le système germanique pour base. Le droit anglais [1], celui de la Suède [2], la loi russe [3], les Codes civils de Berne, de Fribourg et d'Argovie, appartiennent à cette catégorie.

En Angleterre, à défaut de la mère, la paroisse doit entretenir les enfants illégitimes, mais elle a un recours contre le père jusqu'à ce que les enfants aient atteint

---

[1] *Tomlins*, v° Bastard. — *Gans*, Le droit de succession. IV, 395.

[2] Code de 1734, tit. des successions, chap. VIII, art. 7.

[3] Digeste russe, liv. III, tit. 2, chap. 1, art. 683 et 686.

l'âge de sept ans[1]; en Suède[2] et en Danemark[3], cette obligation est à la charge du père et de la mère, ou du survivant si l'un d'eux meurt sans fortune. Le Code de
Berne (art. 206) déclare formellement que les enfants
naturels n'appartiennent ni à la famille de la mère ni à
celle du père; celui qui a été reconnu père par le tribunal est obligé de fournir à l'enfant naturel des aliments jusqu'à sa dix-septième année, payables par se-
mestre et d'avance[4]; il doit payer en outre à la commune
une contribution de 50 à 500 francs (art. 170-172); il
peut aussi reconnaître volontairement l'enfant naturel,
et en ce cas il est tenu de payer une pension alimentaire (art. 167, 180). A défaut de père, la mère et sa
commune sont obligées de nourrir l'enfant naturel[5].

D'après le Code du canton de Fribourg l'enfant naturel porte le nom et est investi du droit de bourgeoisie
de celui de ses parents à qui il est adjugé par le tribunal; il est à la charge de la mère pendant les quatre
premières années, mais le père doit, outre les frais de
procédure, d'adjudication, de couches et de baptême,
une indemnité de 20 à 40 francs à payer à la mère.
Après ce délai, le père est tenu de subvenir à l'entretien
de l'enfant et de lui donner une éducation convenable
jusqu'à ce qu'il puisse pourvoir lui-même à ses besoins;
à défaut du père c'est la mère, et à défaut des deux,
leurs héritiers ou la commune qui doivent pourvoir à
l'entretien de l'enfant[6].

---

[1] 4 et 5, William IV. c. 76.

[2] Code civil, titre des success., ch. 8.

[3] Normann, *De legitimatione*, p. 179 et suiv.

[4] Art. 196-206, 516.

[5] Art. 166 et 179.

[6] Fribourg, art. 229 et suiv., 234.

Le Code argovien suit une marche analogue; l'enfant naturel n'a ni famille ni parenté, il n'a droit qu'à des aliments. La mère doit garder l'enfant pendant la première année; ce délai expiré le père reconnu, ou à son défaut la mère, doit fournir une pension alimentaire. Cette obligation passe aux héritiers des père et mère, comme dans le Code de Fribourg. Enfin la commune, sauf son recours contre qui de droit, est tenue d'élever les enfants naturels [1].

Telles sont les lois qui ont adopté le système germanique, c'est-à-dire l'exclusion des enfants naturels de toute succession des père et mère, et des parents des deux lignes. Nous abordons maintenant les Codes qui ont suivi le système romain (tel qu'il était avant les Novelles), en excluant l'enfant illégitime de la succession paternelle, mais en l'admettant à celle de la mère et des parents maternels.

Les lois aujourd'hui en vigueur dans l'empire d'Autriche, dans le Danemark et dans la monarchie prussienne, ont sanctionné ce système. Les Codes civils des deux premiers pays surtout l'ont conservé dans toute sa pureté : exclusion absolue du côté du père, égalité complète avec les enfants légitimes du côté de la mère [2]. Le père néanmoins est tenu des frais d'entretien et d'éducation de l'enfant, et ce n'est qu'à son défaut que cette obligation retombe sur la mère d'après la loi autrichienne [3]; les héritiers des père et mère sont tenus de remplir cette obligation. En Danemark, le père y est

---

[1] Argovie, art. 231-248.

[2] Code civil d'Autriche, art. 754. Code danois de Chrétien V, l. V, 2, 70—73.

[3] Code de procédure d'Autriche, art. 114.

soumis conjointement avec la mère, et jusqu'à ce que l'enfant ait dix ans révolus [1]. Quant aux droits successoraux des enfants illégitimes, les deux législations s'éloignent à ce point, que le Code danois fait succéder l'enfant naturel à toute la ligne maternelle, tandis que le Code d'Autriche ne le fait hériter que de la mère seule.

Les lois civiles de la Prusse accordent également aux enfants naturels tous les droits des enfants légitimes sur la succession maternelle, mais elles ne leur attribuent aucun droit à la succession des autres parents de cette ligne. Quant au père, il est obligé de nourrir et d'élever ses enfants illégitimes jusqu'à leur quatorzième année révolue. A défaut du père, cette obligation retombe sur l'aïeul et l'aïeule paternels, et ce n'est qu'après leur mort ou bien dans le cas où il leur serait impossible de remplir cette obligation, qu'elle est imposée à la mère et aux parents maternels de l'enfant. Cependant la loi établit une distinction pour la mère qui est riche; celle-ci est appelée à l'entretien et à l'éducation de son enfant né hors mariage, immédiatement après le père.

Dans le cas où le père ne laisse ni enfants légitimes, ni enfants issus d'un mariage morganatique, et n'a fait aucune institution testamentaire, la loi prussienne, qui abandonne ici le système romain pour se rapprocher du droit postérieur des Novelles, attribue aux enfants naturels reconnus volontairement ou judiciairement, la sixième part de la succession paternelle [2].

Nous venons de mentionner le mariage morganatique

---

[1] Ordonnances danoises des 14 oct. 1763, 10 déc. 1790, et 18 octobre 1805.

[2] Droit prussien, part. II, tit. II, sect. 9, art. 656 et suiv.

ou de la main gauche, dont nous avons déjà parlé dans notre partie historique (§ 6, sect. III). Cette institution du droit allemand au moyen âge s'est conservée dans le droit prussien qui, à l'instar du concubinat dans le droit romain, lui a reconnu une existence légale, et a donné aux enfants issus de cette espèce d'union, une position intermédiaire entre les enfants légitimes et les enfants naturels.

Ainsi ils portent le nom et ils appartiennent à la famille de la mère; ils sont héritiers de leur mère et de toute sa ligne, à la différence des enfants naturels qui ne succèdent point aux parents de leur mère[1]. Quant au père, il leur doit les frais d'entretien et d'éducation, et il peut en outre disposer en leur faveur comme en faveur d'un étranger. Si le père ne laisse point de descendants légitimes, les enfants de la main gauche héritent du tiers de la succession s'ils ne sont pas plus de trois; ils prennent la moitié s'ils sont en plus grand nombre; enfin si le père ne laisse aucun parent au degré successible, ils succèdent à la totalité des biens[2].

Nous arrivons maintenant au système que nous nommons le système *naturel*, et qui a commencé à prévaloir dans les Novelles de Justinien. Il consiste à attribuer aux enfants naturels des droits d'hérédité, tant sur les biens de leur père que sur ceux de leur mère.

Le droit commun allemand, c'est-à-dire le droit civil des pays allemands qui ne possèdent pas encore de Code civil moderne, attribue aux enfants naturels tout ce que leur donnent les Novelles de Justinien, à moins que des statuts particuliers ne les privent de ces droits comme

---

[1] Droit prussien, part. II, tit. II, sect. 8-9, art. 656.
[2] *Ibid.*, sect. 9.

7

en Saxe [1] ; quant à l'étendue de ces droits, nous renvoyons à notre partie I, § 3, où nous avons exposé le droit des Novelles.

Le Code civil de Bavière range les enfants naturels parmi les héritiers du sang, mais il leur attribue des droits différents sur les biens de leurs père et mère. Ils succèdent à leur mère à défaut d'enfants légitimes ; ils ne succèdent à leur père qu'à défaut de tout parent au degré successible ; indépendamment de ces droits d'hérédité, ils ont droit à des frais d'entretien [2]. — Le Code du canton de Vaud fait succéder l'enfant naturel à la totalité des biens de ses père et mère, si ceux-ci ne laissent aucun parent au degré successible, ni époux survivant (art. 546) ; dans tous les autres cas ils n'ont droit qu'à des aliments (art. 548). Ces frais sont à la charge du père condamné par le tribunal, à son défaut à celle de la mère, et à défaut des deux parents, à la charge de la commune, sauf son recours contre le père et la mère (art. 182 et suiv.).

Notre Code civil n'a conservé que par la forme le principe germanique, qui avait prévalu dans toute sa rigidité sous l'empire des coutumes, car au fond le Code civil donne aux enfants naturels reconnus des droits de succession sur les biens du père et de la mère. L'art. 756 commence par déclarer que les enfants naturels ne sont point héritiers, mais en ajoutant dans ce même article que la loi leur accorde des droits sur les biens de leurs père et mère, quand ils ont été reconnus, et en réglant ces droits dans les articles suivants, le législa-

---

[1] Mittermaier, *Grundsætze des gem. deutschen Privatrechts*, § 435 et notes.
[2] Code bavarois, l. III, ch. XII, 2, n° 11.

teur français a suivi le principe naturel qui avait été déjà posé par les lois de la révolution, et qui admet les enfants naturels au rang des héritiers du sang.

Chabot, dans son rapport au tribunat, avait beau dire que « le projet ne place pas les enfants naturels dans la famille, il ne les appelle en aucun cas comme héritiers, mais il leur attribue sur les successions de leurs père et mère un droit proportionné; » Siméon, dans son discours au corps législatif, répétait en vain que « le Code ne les honorera pas du titre d'héritiers; » le véritable sens de la loi perça dans le discours de Bigot Préameneu. Cet orateur du gouvernement disait avec une franchise entière : « Le droit des enfants naturels est, *sous le nom de créance*[1], une *participation à la succession.* »

Au fond, et malgré l'espèce d'ostentation avec laquelle les auteurs du Code civil ont cherché à distinguer entre les héritiers et les enfants naturels, le droit de ceux-ci est un véritable droit de succession, qui ne diffère de ceux des autres héritiers que parce qu'ils sont saisis de plein droit, tandis que les enfants naturels doivent se faire envoyer en possession (art. 724). Le nouveau Code civil néerlandais a été plus franc; sans attribuer aux enfants naturels rien de plus que ce qui leur est garanti par le Code civil français, l'art. 909 les déclare *héritiers* de leurs père et mère.

Les auteurs du Code civil français ont largement puisé dans les lois de l'époque révolutionnaire; ils en ont suivi l'esprit, qui, fondant tout le système des successions sur l'ordre des affections naturelles, ne pouvait exclure les enfants, quoique nés de personnes libres,

---

[1] Le projet du Code, art. 54, portait le mot *créance* au lieu du mot *droit*, qui y a été substitué.

de tout droit à la succession de leurs père et mère. Ils en ont suivi plusieurs dispositions virtuelles : ainsi le tiers que l'art. 757 attribue à l'enfant naturel en cas de concurrence avec un enfant légitime, c'est le tiers que la Convention avait accordé à titre d'aliments aux enfants adultérins; seulement le respect pour les liens du mariage, qui était revenu avec le calme dans les esprits, fit qu'on n'attribua alors qu'aux enfants naturels reconnus ce qu'on avait concédé dans des temps plus agités aux enfants adultérins.

Ce tiers de la portion d'un enfant légitime devient, d'après le Code français (art. 757-58), la moitié, lorsque l'enfant concourt avec des ascendants, des frères ou des sœurs du défunt; il est des trois quarts, quand il existe d'autres parents plus éloignés; enfin l'enfant naturel a droit à la totalité des biens lorsque le père ou la mère ne laisse aucun parent au degré successible.

L'article 759, qui donne le droit de représentation aux descendants de l'enfant naturel prédécédé, est de même une disposition puisée dans l'art. 16 du décret du 12 brumaire an II.

La loi française, par une sage prévoyance, a donné aux père ou mère de l'enfant naturel le droit de l'éloigner de leur succession, en leur concédant la faculté de lui donner de leur vivant la moitié de ce que l'enfant naturel aurait eu après leur mort, avec la déclaration expresse que leur intention est de réduire l'enfant à cette moitié; les auteurs du Code civil ont voulu donner un moyen aux parents d'empêcher l'enfant naturel de venir troubler la succession et l'union de la famille. Le législateur a pensé qu'une somme reçue du vivant du père ou de la mère équivaudrait au double de ce que l'enfant n'aurait reçu qu'après leur mort.

Ajoutons encore que notre droit civil ne reconnaît à l'enfant naturel aucun droit de succéder aux biens des parents de ses père et mère, différant ainsi du droit romain, qui faisait succéder l'enfant naturel à tous les parents de la ligne maternelle.

Le Code néerlandais (art. 909 et suiv.) a conservé les mêmes dispositions relatives aux droits de l'enfant naturel sur les biens de ses père et mère; mais il va plus loin, en étendant le lien de parenté aux parents des père et mère naturels. D'après le Code néerlandais (art. 920, al. 1), l'enfant naturel peut réclamer la succession entière de ses parents paternels et maternels, si ceux-ci sont décédés sans laisser ni parents au degré successible, ni époux survivant.

Le Code des Deux-Siciles adopte une marche quelque peu différente : l'enfant naturel succède toujours à sa mère, règle puisée dans le droit romain; quant aux biens du père, l'enfant naturel légalement reconnu a les droits suivants : la moitié de la part d'un enfant légitime, s'il existe des descendants ou des ascendants légitimes; les deux tiers, s'il existe des collatéraux au degré successible, et la totalité s'il n'en existe pas du tout[1].

Le Code sarde suit en général les traces du Code français à l'égard du père et de la mère, mais ses dispositions particulières diffèrent notablement de celles de notre Code civil. Ainsi, la loi sarde n'accorde aux enfants naturels que des aliments, si le père ou la mère laissent un ou plusieurs descendants légitimes; elle leur donne le quart de la succession, s'il existe des ascendants du défunt; la moitié, s'il n'existe que des collatéraux, et la totalité des biens, si le défunt n'a laissé ni parent au

---

[1] Art. 674 et suiv.

degré successible, ni conjoint[1]. Cependant, il ne faut point en conclure que le conjoint soit préféré par le Code sarde à l'enfant naturel ; le but de la loi est de conserver intacte la part héréditaire qui est accordée à l'époux survivant, c'est-à-dire l'usufruit du quart de la succession, lorsque l'époux décédé n'a pas laissé plus de trois enfants, et, s'il y en a un plus grand nombre, l'usufruit d'une part égale à celle qui revient à chaque enfant, enfin, le quart en propriété, si l'époux décédé n'a pas laissé de descendants légitimes. L'époux survivant n'a droit à la totalité de la succession qu'à défaut d'enfants naturels[2].

Le Code civil du grand-duché de Bade, tout en conservant à l'égard des droits successoraux des enfants naturels les mêmes dispositions que notre droit civil français, a ajouté deux articles qui doivent être considérés comme des améliorations importantes, et dont l'un surtout décide une question controversée dans la jurisprudence française.

L'art. 756 *a* du Code badois interdit aux enfants naturels reconnus après la naissance d'enfants légitimes, de se prévaloir d'aucun droit sur les biens de leurs père et mère, tant qu'il existe des enfants légitimes ou des descendants d'eux. La pensée du législateur, en prononçant cette interdiction, était de garantir les droits des enfants légitimes, en empêchant qu'une reconnaissance tardive pût venir diminuer ces droits au gré du père ou de la mère. Une espèce de priorité a été ainsi constituée au profit des enfants naturels reconnus avant la naissance des enfants légitimes, sur ceux qui

---

[1] Art. 949 et suiv.
[2] Art. 959 et suiv.

n'ont été reconnus que postérieurement ; les premiers jouissent des droits concédés aux enfants naturels reconnus, les autres en sont privés tant qu'il existe des descendants légitimes. Cette disposition du Code badois a au moins l'avantage d'être claire et précise dans son but, en prenant la naissance des enfants légitimes comme une époque décisive dans la détermination des droits à attribuer aux enfants naturels. L'art. 337 du Code civil français, dicté par des motifs semblables, est loin d'être aussi catégorique [1]. Le législateur français voulait également que la reconnaissance tardive d'un enfant naturel ne pût nuire ni au conjoint ni aux enfants légitimes existants ; mais il résulte de la rédaction incomplète de l'art. 337, en premier lieu, que cette interdiction ne s'étend pas à la reconnaissance faite après la dissolution du mariage ; 2° qu'elle ne s'applique pas à l'enfant naturel que le père ou la mère aurait eu *pendant le mariage* d'un autre que de son époux. Ainsi, d'une part, une reconnaissance qui n'aurait pas d'effet au détriment des enfants légitimes, si elle était faite pendant le mariage, produira tous ses effets si elle a été faite plus tard, après la mort du conjoint ; et, d'autre part, les enfants naturels nés pendant le mariage jouiront d'un bénéfice qui est expressément refusé à ceux qui sont nés avant le mariage. Le système du Code civil français est donc injuste dans les deux cas, et contraste d'une manière frappante avec le système de priorité.

---

[1] On y lit : « La reconnaissance faite pendant le mariage, par l'un des époux, au profit d'un enfant naturel qu'il aurait eu avant son mariage d'un autre que de son époux, ne pourra nuire ni à celui-ci ni aux enfants nés de ce mariage. »

Nous revenons à l'autre disposition additionnelle du Code badois[1] ; cet article, après avoir reproduit la loi française qui n'accorde aux enfants adultérins et incestueux que des aliments, ajoute que les enfants naturels *non reconnus* ont également droit à des aliments. Notre Code civil a gardé le silence à ce sujet, et ce silence a donné lieu à deux opinions différentes : l'une qui accorde aux enfants naturels non reconnus des aliments, parce que la dette d'aliments est une obligation naturelle, et que ces enfants ne peuvent jamais être traités plus défavorablement que les enfants adultérins et incestueux ; l'autre opinion, qui est celle de Chabot[2], de Proudhon[3], qui est conforme à la jurisprudence de la cour de cassation[4], et à laquelle nous nous rallions également, dénie aux enfants naturels non reconnus le droit de demander des aliments. Cette opinion repose sur le raisonnement suivant : si la dette d'aliments imposée aux parents au profit de leurs enfants est une obligation civile, ces enfants naturels non reconnus ne peuvent pas en demander l'exécution, puisque les art. 203 et suivants du Code civil ne parlent que des enfants nés dans le mariage, et que, dans l'art. 762 du Code civil, il ne s'agit que des enfants adultérins et incestueux ; en un mot, il n'y a aucune disposition dans notre législation civile qui impose aux parents l'obligation de nourrir leurs enfants naturels. Si, au contraire, l'obligation de nourrir ces enfants est naturelle, les enfants

---

[1] Art. 762 a, Cod. bad.

[2] Comm. sur la loi des success., II, 60.

[3] Cours du droit français, II, 112.

[4] Arrêts des 14 therm. an VIII, 3 ventôse an XI, 5 nivôse an XII, 26 mars 1806 et 14 oct. 1812.

naturels non reconnus sont encore privés du droit de demander des aliments, parce qu'aucun lien n'existant entre eux et leurs père et mère, et toute recherche de la paternité étant interdite, ils ne sauraient désigner leurs parents. Il est vrai que la loi admet, par exception, quelques cas où la recherche de la paternité est permise, mais alors le jugement qui déclarera la paternité équivaudra à une reconnaissance volontaire de la part du père, et l'enfant aura tous les droits d'un enfant légalement reconnu. Cette égalité entre les effets de la déclaration judiciaire et la reconnaissance volontaire a été contestée par Merlin [1] et Toullier [2], mais Delvincourt [3], Chabot [4] et la jurisprudence [5] se sont rangés du côté opposé. Quant à la disposition de l'art. 762 *a* du Code badois, nous avons vu, au paragraphe précédent, que la législation badoise admet plusieurs exceptions à la règle que la recherche de la paternité est interdite; c'est à ces cas-là que cette disposition additionnelle s'applique.

La législation civile de Haïti, calquée en partie sur notre Code, a largement étendu les droits des enfants naturels légalement reconnus. En concours avec des descendants légitimes, l'enfant naturel prend le tiers de la part d'un enfant légitime, ce qui est conforme à la loi française; mais à défaut de descendants légitimes, il succède à la totalité des biens, à l'exclusion des ascendants et des collatéraux légitimes [6]. Toutes les autres

[1] Rép., v° Succession, p. 364.

[2] Ed. Tarlier, t. I, p. 279, et t. II, p. 314.

[3] Cours de C. civ., III, p. 213.

[4] Comm. sur la loi des successions, II, 4.

[5] Arr. Paris, 27 juin 1812. Rouen, 17 mars 1813.

[6] Code de Haïti, art. 608-9.

dispositions de notre Code relatives aux enfants naturels, ainsi qu'aux enfants adultérins et incestueux,
se trouvent reproduites dans la législation haïtienne [1].

Le Code de la Louisiane appelle également les enfants naturels à la succession de leurs père et mère,
mais en faisant une distinction importante entre la succession de l'un et de l'autre, et en limitant les droits que
le Code de Haïti attribue aux enfants naturels reconnus,
ou dont la filiation a été légalement constatée. La loi
civile de la Louisiane n'admet point de gradation dans
les droits des enfants naturels; elle leur donne tout ou
rien, c'est-à-dire qu'elle les appelle à la totalité de la
succession dans certains cas, et dans les autres ne leur
attribue que des aliments. On distingue, dans cette législation, s'il s'agit de la succession de la mère ou de
celle du père; l'enfant naturel succède seul, et à l'exclusion de tous autres, à sa mère, par cela seul qu'elle
n'a pas laissé de descendant légitime (art. 912), tandis
qu'il n'est appelé à la succession paternelle qu'à l'exclusion de l'Etat, c'est-à-dire s'il n'y a ni descendants, ni
ascendants, ni collatéraux légitimes, ni épouse survivante (art. 913).

Les dispositions de notre législation relatives aux enfants adultérins et incestueux, et celle de l'art. 756, al. 2
de notre Code, se retrouvent textuellement dans le
Code de la Louisiane [2].

Cette législation peut être considérée à juste titre
comme une transition du système romain au système
naturel, parce qu'elle appelle les enfants naturels à la
succession maternelle, avant tout parent de la ligne as-

---

[1] *Ibid.*, art. 610—611.
[2] Art. 914-916.

cendante ou collatérale. Cependant, le Code de la Louisiane ne peut être classé parmi ceux qui ont suivi le système romain : d'une part, parce qu'il ne donne pas aux enfants naturels et légitimes les mêmes droits sur la succession maternelle, et, d'autre part, parce qu'il appelle dans un cas donné les enfants naturels, comme héritiers universels, à recueillir la succession paternelle.

§ 4. Des héritiers des enfants naturels décédés sans postérité.

Les enfants naturels, dans la plupart des anciennes législations européennes, n'avaient d'autre héritier que le souverain ou le fisc, s'ils ne laissaient pas de descendants légitimes; nous avons parlé, dans notre première partie, § 7, de ce droit *de bâtardise, de formorture, de havescot*, comme on le nommait dans les différents pays de l'Europe, ainsi que de son origine et de la base sur laquelle il reposait.

Ce droit du chef de l'État ne s'est conservé qu'en Angleterre, où c'est encore le droit féodal qui règle aujourd'hui la succession immobilière [1]; toutes les autres lois modernes ont établi une espèce de réciprocité, en admettant à la succession des enfants nés hors mariage, les mêmes parents auxquels les premiers ont le droit de succéder.

De toutes les lois civiles en vigueur en Europe, c'est la législation suédoise [2] qui s'éloigne le plus de l'ancien système des coutumes du moyen âge, car dans ce pays les biens des personnes nées hors mariage échoient aux mêmes parents, que ceux des individus issus d'un mariage légitime.

---

[1] Penny Cyclopædia, v° *Escheat*.
[2] Code civil suédois, tit. des success., ch. VIII, art. 8.

Le Code civil français attribue la succession de l'enfant naturel mort sans postérité, aux père et mère qui l'ont reconnu. En cas de prédécès de ces derniers, les biens reçus d'eux, s'ils existent en nature dans la succession, les actions en reprise, s'il en existe, ou le prix de ces biens, s'il est encore dû, retournent aux frères et sœurs *légitimes*, les autres biens passent aux frères et sœurs *naturels* ou à leurs descendants [1].

Le Code des Deux-Siciles [2], celui de Haïti [3], celui du canton de Vaud (art. 549-550), et le Code néerlandais [4], contiennent les mêmes dispositions, mais le dernier, par une disposition additionnelle, étend le droit de succéder à l'enfant naturel à tous les collatéraux des père et mère, pourvu que l'enfant naturel n'ait laissé ni descendants, ni père, ni mère, ni frères ou sœurs naturels, ni descendants d'eux, ni conjoint survivant [5]. Le Code civil de la Louisiane ne défère la succession de l'enfant naturel décédé sans postérité qu'aux père et mère ; à leur défaut, ce sont les frères et sœurs naturels qui succèdent [6]. Le droit civil de la Bavière et celui de la Sardaigne ne donnent également la succession qu'aux père et mère de l'enfant naturel [7] ; dans le dernier pays même, leur part n'est que d'un tiers, si l'enfant naturel laisse un conjoint, car la loi donne à celui-ci, dans ce cas, les deux tiers de la succession.

---

[1] Code civ. français, art. 765-66.

[2] Art. 680-81.

[3] Code de Haïti, art. 616-17, 624-25.

[4] Code néerl., 917-18.

[5] Code néerl., art. 920.

[6] Art. 916-17.

[7] Bav., liv. III, ch. XII, 3, nos 7-8. Sard., art. 955-56.

Enfin le droit civil de l'Autriche et de la Prusse, fidèle au système romain, ne donne le droit de succéder à l'enfant naturel qu'à la mère seule[1]. Ce droit s'étend en Prusse pour la succession des enfants issus d'un mariage de la main gauche, à tous les parents de la ligne maternelle[2]. En Danemark, les enfants naturels ont également pour héritiers leur mère et leurs parents de cette ligne[3].

§ 4. De la légitimation des enfants naturels.

Dans la première partie de cet essai, nous avons exposé les différents modes suivant lesquels les anciens peuples et ceux du moyen âge admettaient les enfants nés hors mariage parmi les membres de la famille. Les symboles usités chez les peuples des races celte, germanique et scandinave, les trois modes de légitimation du droit de Justinien, et la force légitimante attribuée au mariage subséquent par le droit canonique, ont fait l'objet de nos recherches.

Les lois modernes présentent moins de variété en cette matière, car parmi tous les modes de légitimation elles n'en ont conservé que deux : la légitimation par mariage, admise par toutes, et celle par l'autorité suprême (la *legitimatio per rescriptum principis* du droit romain), reconnue par quelques-unes.

Cependant il y a des différences notables dans les conséquences légales que ces différentes lois attribuent à la légitimation. Celle qui se fait par le mariage subséquent des père et mère naturels, permise une seule

---

[1] Autriche, art. 756; Prusse, part. II, tit. II, sect. 9, art. 656.
[2] Prusse, part. II, tit. II, sect. 8, art. 588-89.
[3] Code de Chrétien V, l. V, 2, 71-73.

fois par les empereurs Constantin et Zénon, établie comme règle par Justinien, et étendue par les canons de l'Église en faveur des enfants illégitimes [1], fut importée par le droit canonique dans presque toutes les législations de l'Europe chrétienne [2], et y est restée intacte jusqu'à ces jours.

Les Codes civils français (art. 331 et suiv.), néerlandais (art. 327 et suiv.), sarde (art. 171), des Deux-Siciles (art. 253), de la Louisiane (art. 217), de la Bavière (part. I, chap. III, 8), d'Autriche (art. 161), de Prusse (part. II, tit. II, sect. 9, art. 596), du Danemark, V, 2, 32), de la Suède (*tit. des Succ.*, ch. VIII, art. 1), du canton de Vaud (art. 178 et suiv.) de Berne (art. 147 et suiv.), de Fribourg (art. 164 et suiv.), d'Argovie (art. 251), établissent la légitimation par mariage; quelques-uns l'admettent de plein droit, comme le Code suédois; d'autres exigent une déclaration formelle, comme notre droit français. Toutes ces législations confèrent par ce mode de légitimation tous les droits de succession d'un enfant légitime, excepté le Code autrichien (art. 161-162). Aux termes de ce Code, l'enfant légitimé par mariage subséquent ne prend rang dans la famille que du jour de sa légitimation (évidemment le législateur veut ici conserver les droits acquis), et si les parents veulent le faire jouir des priviléges de leur rang et de la portion des biens dont ils peuvent disposer, ils doivent obtenir préalablement l'autorisation du souverain; alors seulement l'enfant naturel est dans une position identique à celle de l'enfant légitime (article 752). Le Code civil de Fribourg (art. 167) ajoute

---

[1] *V.* notre partie I, §§ 3 et 4.

[2] L'Angleterre et la Russie ne l'admettent point dans leurs lois.

que la légitimation ne porte aucun préjudice aux droits acquis des enfants légitimes nés antérieurement à la légitimation. De même, le Code argovien (art. 254) ne prononce l'égalité entre les enfants *légitimés* et les enfants *légitimes*, que *sauf les droits acquis*.

Les Codes suédois, danois et vaudois, reconnaissent de plein droit la légitimité des enfants naturels nés sous promesse de mariage, quand le mariage n'a pu avoir lieu à cause du décès de l'un des époux (Suéd., *tit. des Success.*, ch. VIII, 1, Danem., l. V, 2, 33), ou de tout autre empêchement indépendant de leur volonté (Vaud., art. 181). Le Code de Fribourg (art. 168-170) exige en ce cas, pour que l'enfant soit légitime, un jugement.

La légitimation *per rescriptum principis* a été puisée par beaucoup de législations modernes dans le droit romain; elle est établie en Sardaigne, dans les Deux-Siciles, en Autriche, en Prusse, dans les Pays-Bas et dans le canton d'Argovie, où le grand conseil rend sa décision par un décret après une proposition du conseil exécutif. Le roi des Pays-Bas, en donnant des lettres de légitimation, est de même tenu de prendre l'avis de la cour suprême du royaume. Ce mode de légitimation n'est, le plus souvent, que subsidiaire, pour le cas où le mariage ne peut plus avoir lieu, et les droits acquis des parents légitimes ne peuvent en souffrir[1]. Le droit prussien reconnaît, outre la légitimation par mariage

---

[1] Cette restriction est conforme à l'ancien droit allemand. Nous avons cité, part. I, § 6, sect. III, deux rescrits de légitimation donnés en 1400 et 1402 par le roi Rupert, qui donnèrent à l'enfant le droit de succéder, *absque tamen legitimorum liberorum præjudicio*.

subséquent, et celle qui résulte d'une ordonnance royale, rendue sur la demande du père et avec l'assentiment de la famille paternelle, trois autres moyens de légitimer les enfants naturels : 1° un jugement, quand il y a promesse de mariage; 2° une déclaration du père devant le juge dans le même cas ; et 3° une décision des cours supérieures. Cependant cette dernière légitimation ne sert qu'à effacer la tache attachée par le droit allemand à la qualité de bâtard, sans donner les droits successoraux d'un enfant légitime.

En Russie, la légitimation par mariage subséquent est contraire à la législation existante, comme aux anciennes lois[1], mais la légitimation par rescrit émané du pouvoir suprême existe et donne tous les droits de succession de l'enfant légitime[2].

Le droit anglais n'admet pas la légitimation[3].

Le Code danois, fidèle aux anciennes lois provinciales du pays, établit, outre la légitimation par mariage subséquent, qui confère tous les droits des enfants légitimes, une espèce de légitimation qui a des effets moins étendus, et qui consiste en une reconnaissance faite par le père en justice; toutefois les enfants ainsi reconnus jouissent de droits bien plus étendus que ceux qui sont attribués aux enfants naturels reconnus par la législation française. Le Code de Chrétien V distingue deux cas pour définir les droits successoraux de ces enfants légitimés ou reconnus. Si le père n'a point laissé de descendants légitimes, et s'il n'a pas expressément

---

1 *De Gouroff*, Recherches sur les enfants trouvés, Paris, 1839, t. I, p. 112.

2 Digeste russe, liv. III, tit. II, art. 692.

3 *V. suprà*, part. I, § 8, sect. V.

déclaré, lors de la reconnaissance, la part de biens qu'il lui destinait, l'enfant légitimé hérite de toute la succession paternelle. S'il existe, au contraire, des enfants nés en mariage, le fils légitimé en justice peut retenir tout ce qui lui a été donné à cette occasion par le père, pourvu que cette donation ne dépasse pas la moitié de la part d'un enfant légitime ; la loi lui accorde la même quotité de biens à titre d'héritier dans le cas où le père ne lui aurait rien donné [1].

Les enfants légitimés en justice succèdent de même aux frères et sœurs et à tous les parents de la ligne paternelle [2].

Cette espèce de légitimation est même permise à l'égard des enfants adultérins, mais ceux-ci ne peuvent acquérir les mêmes droits que les autres enfants nés hors mariage [3].

PARTIE III. — ÉCONOMIE SOCIALE.

Quoique, dans notre plan primitif, nous ne dussions pas sortir dans cet Essai, du cadre que les recherches sur les législations anciennes et modernes nous avaient tracé, cependant, à mesure que nous avancions dans notre travail, nous nous apercevions que le sujet tenait à tant de questions du domaine de l'économie sociale, qu'il nous paraissait impossible de ne pas en faire mention, sans risquer le reproche de l'avoir traité d'une manière incomplète. En conséquence, nous avons envisagé la question de la recherche de la paternité sous un double

---

[1] Code de Chrétien V. l. V, 1, 70. Normann, *De legitimatione*, p. 209 et suiv., p. 216 et suiv.

[2] Normann, p. 218 et suiv.

[3] *Idem*, p. 237 et suiv.

8

point de vue, celui du droit, et celui de la morale et de l'équité ; nous avons tâché de faire connaître par des données statistiques l'influence du système qui interdit la recherche de la paternité, sur le nombre des naissances illégitimes, sur celui des infanticides et des expositions, ainsi que la manière dont ce système influe sur les légitimations et les reconnaissances volontaires. Enfin nous avons indiqué sommairement les véritables causes qui influent sur le nombre des naissances illégitimes, en y ajoutant quelques considérations générales sur la condition physique et morale, l'avenir et la mortalité des enfants naturels.

§ 1. La recherche de la paternité doit-elle être admise ou interdite par les lois civiles ?

Quiconque a jeté un regard sur la seconde partie de notre Essai, se sera aisément aperçu de la profonde divergence qui divise à cet égard les législations existantes du monde civilisé. Ce que tel peuple regarde comme une prime d'encouragement au libertinage, comme un piège tendu à la faiblesse d'un sexe, qui s'est plaint quelquefois à juste titre que les lois se ressentent trop de ceux qui les ont faites ; tel autre peuple le considère comme un palladium du repos des familles, et comme une digue opposée aux intrigues éhontées d'une femme sans pudeur. Ici comme en beaucoup d'autres matières, les mœurs sont un élément important avec lequel tout législateur est obligé de compter.

Mais tel n'est pas le point de vue auquel nous allons nous placer pour envisager la question : le nôtre est purement théorique, et abstraction faite de toute législation antérieure ou existante, ainsi que de l'influence des mœurs de telle ou telle nation, nous réduisons la question à sa plus simple expression : Est-ce l'admission ou bien l'interdiction de la recherche de la paternité, qui doit former la règle commune dans une législation civile, basée sur les prescriptions du droit et de l'équité ?

Quand nous parlons ici du droit, il est évident que nous entendons le droit positif, le droit tel qu'il existe dans une société civile organisée ; sous ce rapport, la question est donc de savoir, *s'il est juste que l'enfant né hors mariage ait le droit de se faire reconnaître en justice par son père.* En effet, abstraction faite de la société civile, il est évident que tout enfant, légitime ou non, a le droit de se faire fournir des aliments par son père, car dans ce cas tous les enfants ont indistinctement les mêmes droits vis-à-vis de leurs parents. Ce droit naturel (*jus imperfectum*) suit l'enfant dans la société civile ; nul autre que lui ne peut exercer le droit de se faire reconnaître par son père, et c'est lui qui est censé avoir donné un mandat à la mère, à la commune ou à l'État, quand ils exercent ce droit de recherche, là où les lois positives leur ont concédé cette faculté.

Ce droit naturel ou imparfait, faut-il que la loi civile le confirme en le changeant en un droit positif et parfait ? Faut-il que l'enfant né hors mariage puisse faire exécuter par les voies judiciaires, l'obligation du père, qui correspond à ce droit ? L'enfant peut-il prouver que tel ou tel individu est son père ? Et s'il est vrai que la preuve de la paternité (dans la très grande majorité des cas) est chose impossible hors l'aveu du père même, ne s'ensuit-il pas, que le droit de rechercher la paternité doit être interdit en vertu de la règle, qu'on ne peut arguer d'un droit dont on est incapable d'administrer la preuve ? C'est à cette série de questions que nous allons répondre.

Pour établir la paternité d'un enfant né hors mariage, il faudrait prouver deux faits bien distincts, le commerce charnel entre la mère et le père putatif, et le fait que l'enfant est en effet le fruit des liaisons de la mère avec tel ou tel individu. La preuve du premier fait est possible dans la plupart des cas, mais celle du dernier ne dépend presque toujours que du témoignage de la mère elle-même ; aussi presque toutes les législations qui admettent la recherche de la paternité, ont-elles été dans la nécessité de se contenter du serment de la mère [1].

Le palliatif que quelques lois ont adopté en exigeant des compléments de preuve, est tout à fait insuffisant, car selon la saine théorie, un témoignage suspect ne peut être regardé comme témoignage ni même comme commencement de preuve.

La mère est ici *testis in propria causa* ; si elle réussit à faire reconnaître judiciairement le père, elle se décharge en entier ou du moins en partie de l'obligation d'entretenir l'enfant, et cela suffit, indépendamment des autres causes qui font de la mère, en ce cas, un témoin fort suspect, pour faire rejeter son témoignage ; il doit être regardé comme nul, et ne saurait être confirmé par d'autres circonstances, qui formeraient un complément de preuve.

Sous le point de vue du droit positif, la recherche de la paternité ne doit donc pas être admise.

Après avoir posé de cette manière la question de droit, la réponse à la question d'équité et de morale ne sera pas difficile. Nous avouons pleinement, que selon la morale et l'équité les obligations des parents envers leurs enfants naturels sont les mêmes qu'envers leurs

---

[1] *V.* notre part. II, § 2.

enfants légitimes, et que les droits des premiers envers leurs parents sont identiques avec ceux des enfants nés en mariage; leur disputer cette égalité qu'ils tiennent de la nature même, serait inique et immoral. Mais il ne s'ensuit nullement qu'il soit contre la morale et l'équité, d'interdire aux enfants naturels l'exercice d'un droit qu'ils ne sauraient jamais légalement prouver. Il est au contraire parfaitement conforme à la morale, dont la règle suprême est de ne faire tort à personne, d'empêcher qu'un individu ne puisse être soumis à une obligation dont la preuve ne saurait être administrée.

Dans les paragraphes suivants, nous rechercherons quelles sont les conséquences politiques et sociales de l'interdiction de la recherche de la paternité, et nous tâcherons de démontrer que l'expérience et les données statistiques ne présentent aucun fait qui soit en contradiction avec les règles de justice et d'équité que nous venons de poser.

§ 2. L'interdiction de la recherche de la paternité influe-t-elle d'une manière défavorable sur le nombre des naissances illégitimes?

Pour répondre à cette question, nous mettons sous les yeux du lecteur les renseignements statistiques qu'il nous a été possible de recueillir. La table suivante servira à comparer les résultats des deux systèmes, qui sont représentés l'un par la France, l'autre par sept pays qui ne diffèrent pas moins par le climat que par l'étendue du territoire.

PAYS.	ANNÉES.	Proportion des naissances illégitimes avec les naissances légitimes.	NAISSANCES illégitimes sur 100 naissances.	INDIVIDUS nés hors mariage sur 1.000 habitants.
France.	1817-1828.	1 : 13,26	7,542	2,187
Prusse.	1817-1830.	1 : 13,43	7,445	2,892
Wurtemberg. .	1815-1819.	1 : 7,494	13,34	4,18
Portugal. . . .	1815-1819.	1 : 9,92	10,08	5,321
Saxe.	1827-1830.	1 : 7,29	13,74	5,053
Hanovre. . . .	1821-1830.	1 : 11,82	8,46	2,877
Suède.	1815-1825.	1 : 13,35	7,48	2,407
Bavière.	1821-1830.	1 : 4,07	19,72	»

La France est, comme on le voit, le pays qui présente dans sa population le moins d'individus nés hors mariage, et si, dans le rapport des naissances illégitimes avec les naissances légitimes, et avec les naissances en général, la Prusse et la Suède donnent un résultat un peu plus favorable, cet avantage peut aisément s'expliquer dans ces deux pays, par la plus grande fécondité des mariages qui, en donnant un plus grand nombre de naissances en général, et de naissances légitimes en particulier, diminue d'autant le nombre relatif des naissances illégitimes.

En effet, si l'on consulte à cet égard les résultats obtenus par les recherches statistiques, on trouvera que la Prusse donne par mariage 4,23[1]; et la Suède 4,09[2], tan-

---

[1] BABBAGE, *Brewster's Journal of sciences*, n° 1, New series.

[2] QUETELET, Sur l'homme et le développement de ses facultés, ou Essai de physique sociale. Paris, 1835, t. 1, p. 92.

dis que la France ne donne que 3,33 [1]. Mais cette infériorité relative de la France dans le rapport des naissances légitimes avec les naissances illégitimes, quoique suffisamment expliquée par la moindre fécondité des mariages, disparaît complétement, dès qu'on étend ses recherches sur une plus longue série d'années. De 1800 à 1835, dans un espace de trente-cinq années, il y a eu en France 33,183,310 naissances, parmi lesquelles 2,098,671 illégitimes [2]; ce qui ne donne qu'*une* naissance illégitime sur 14,06 naissances, et place par conséquent la France dans la position la plus favorable de tous les pays cités.

Enfin, ce qui paraîtra encore plus concluant, c'est la comparaison entre les provinces d'un même État, dont les unes admettent la recherche de la paternité et dont les autres l'interdisent. La Prusse et la Bavière, qui ont laissé à leur pays d'outre-Rhin le droit français, mais qui admettent dans le reste de leurs provinces la recherche de la paternité, nous offrent un exemple bien frappant [3] :

---

[1] REMACLE. Des hospices d'enfants trouvés en Europe et principalement en France. Paris, 1838, p. 145. — M. Hippolyte Passy, dans son mémoire *De la division des héritages et de l'influence qu'elle exerce sur la distribution des richesses*, lu à l'Académie des sciences morales et politiques (inséré dans la *Revue de législation et de jurisprudence*, t. XIII, p. 241-268), porte la moyenne des naissances par mariage en France à 3,52, pendant l'espace de 1826 à 1836.

[2] REMACLE, p. 144.

[3] Tiré de documents donnés par M. Mittermaier. *V.* Revue germanique, octobre 1835, p. 84-85.

PROVINCES DE LA PRUSSE POUR LES ANNÉES 1827-1831.	Naissances légitimes.	Naissances illégit.	RAPPORT.
Interdiction de la recherche de la paternité.			
Rive droite du Rhin.	121,360	4,105	1 : 29,67
Rive gauche du Rhin..	263,052	10,910	1 : 24,11
Admission de la recherche de la paternité.			
Posen.	202,896	9,213	1 : 21,95
Westphalie.	214,320	10,557	1 : 20,30
Prusse occidentale.	161,177	10,177	1 : 15,83
Prusse orientale.	258,566	18,596	1 : 13,90
Poméranie.	167,353	12,574	1 : 13,39
Silésie.	497,916	40,691	1 : 12,23
Saxe.	262,576	23,185	1 : 11,33
Brandebourg.	283,951	25,106	1 : 11,28

CERCLES DE LA BAVIÈRE PENDANT LES ANNÉES 1824-1830.	Naissances légitimes.	Naissances illégit.	RAPPORT.
Interdiction de la recherche.			
Cercle du Rhin.	103,324	12,428	1 : 8,31
Admission de la recherche.			
Cercle du Danube supérieur.	95,249	15,576	1 : 6,11
— du Mein inférieur.	87,615	16,863	1 : 5,19
— de la Regen.	71,653	18 840	1 : 3,80
— de l'Isar.	89,442	26,116	1 : 3,42
— de la Rezat.	83,151	24,828	1 : 3,35
— du Danube inférieur.	60,832	20,708	1 : 2,93
— du Mein supérieur	79,248	29,354	1 : 2,69

Pour faire ressortir encore plus cette proposition, que l'interdiction de la recherche de la paternité n'augmente pas nécessairement le nombre des naissances illégitimes, nous donnerons le tableau suivant des deux villes de Paris et de Munich; ajoutons qu'il ne faut pas oublier, que le département de la Seine est de tous les départements de France celui qui présente le plus de naissances illégitimes :

	Années.	Naissances légitimes.	Naissances illégitimes.	Rapport.
Paris[1]	1813-32	287,633	101,010	1 : 2,84
Munich[2]	1824-33	14,831	12,319	1 : 1,21

Notons bien que, quelque avantageux que soient les résultats des chiffres présentés, nous ne les avons invoqués que pour prouver, que les lois qui interdisent la recherche de la paternité n'influent pas d'une manière défavorable sur le nombre des naissances illégitimes. Cependant d'autres que nous sont allés plus loin, en voyant dans l'interdiction de cette recherche un moyen de diminuer le nombre existant des enfants naturels. Ainsi le gouvernement de la Hesse grand-ducale a introduit en 1821 une disposition législative, qui interdit la recherche de la paternité, et ce n'était certes qu'en se laissant guider par l'expérience qu'il agissait ainsi, car les contrées Hessoises situées sur la rive gauche du Rhin avaient continué, depuis l'occupation française, à vivre sous le régime de notre Code civil.

De même la première chambre législative du royaume de Bavière proposa, il y a quelques années, au gouvernement, d'interdire la recherche de la paternité, pour remédier au nombre exorbitant d'enfants illégitimes que ce pays présente[3].

On a encore attribué à la nouvelle loi anglaise de 1834, qui a beaucoup restreint la facilité de la recherche du

----

[1] Quetelet, Sur l'homme et le développement de ses facultés, ou Essai de physique sociale, I, p. 114. Dans les premiers six mois de l'an 1841, il y a eu à Paris 10,500 naissances légitimes et 4,735 naissances illégitimes. V. la Presse du 25 juillet 1841.

[2] Tiré des documents officiels, par M. Mittermaier. V. Revue germanique, octobre 1835, p. 73.

[3] V. la table donnée, p. 118.

père, tout en conservant le principe même, une diminution notable dans le nombre des enfants assistés par les paroisses ; mais comme cette diminution peut fort bien tenir à d'autres motifs, nous ne la produisons pas en faveur de notre opinion [1].

En définitive, nous ne prétendons pas voir dans l'interdiction de la recherche une cause directe propre à diminuer le nombre des naissances illégitimes : ce que nous tenons à constater, c'est que les pays où la recherche est interdite ne sont pas ceux où on rencontre le plus grand nombre de naissances illégitimes. Malheureusement on n'a pas conservé de tables présentant le nombre des naissances illégitimes et leur rapport avec les naissances légitimes avant la révolution, époque où le système d'interdiction de la recherche de la paternité fut introduit en France. Notre pays, plus que tout autre, aurait pu en ce cas, par son étendue, par le changement de sa législation et par l'expérience d'un demi-siècle, donner une solution péremptoire quant à l'influence directe des deux systèmes sur le nombre des naissances illégitimes [2].

§ 3. Influe-t-elle d'une manière défavorable sur le nombre des infanticides et des expositions ?

Les adversaires du système de l'interdiction de la recherche, auxquels nous venons de prouver par des faits irrécusables, que les pays qui suivent ce système pré-

---

[1] *V.* Remacle, p. 377.

[2] Nous appelons néanmoins l'attention du lecteur sur la table statistique des enfants trouvés, que nous donnons dans le paragraphe suivant, et dont le résultat présente une coïncidence remarquable avec les résultats statistiques obtenus dans le présent paragraphe.

sentent un nombre moins grand de naissances illégitimes que ceux où le système contraire est établi, prétendront peut-être que cette diminution n'est obtenue que par des expositions et des infanticides, et que la fille-mère n'ayant à espérer aucun secours de son séducteur, est plus fréquemment amenée à se défaire de son enfant par le crime. Si ces faits se trouvaient constatés, on n'aurait qu'à déplorer les résultats que nous avons donnés comme favorables dans le paragraphe précédent, parce qu'ils ne seraient que les conséquences de deux crimes atroces, de l'exposition et de l'infanticide. Il est donc fort important de rechercher, quel est le nombre de ces crimes dans les pays qui vivent sous les deux régimes différents de l'admission et de l'interdiction de la recherche.

En France, pendant une période de dix ans (de 1825 à 1835), et avec une population de 32 millions d'habitants, la moyenne des infanticides était de 98 par année, ce qui donne un infanticide sur 326,530 habitants [1].

En Irlande, au contraire, le nombre de ces crimes, de 1826 à 1832, s'est élevé à une moyenne annuelle de 25, ce qui, avec une population de 7,767,000 habitants, donne un infanticide sur 287,666 habitants [2].

Si l'on veut nous objecter que l'Irlande est peut-être, parmi les pays qui admettent la recherche de la paternité, celui qui est le moins civilisé, et que nous l'avons choisi à dessein, nous produirons des chiffres appartenant à un pays qui, certes, ne peut être rangé que

---

[1] *V.* les tableaux officiels donnés par M. Remacle, p. 216 et 221.

[2] DUCRÉTIAUX, Statist. comparée de la criminalité en France, en Belgique, en Angleterre et en Allemagne.

parmi les plus civilisés et les plus éclairés de l'Europe, et à l'égard duquel un semblable reproche serait absolument impossible. La Prusse, avec une population de 13,837,333 âmes [1], compte 365 informations d'infanticide par année, ce qui donne un infanticide sur 76,873 habitants [2]!

Pour éviter l'objection tirée de la différence des caractères nationaux, nous allons donner des exemples pris chez le même peuple : l'Allemagne, avec sa législation variée, nous offre à cet égard les faits les plus concluants.

Le royaume de Wurtemberg, dont les lois admettent la recherche de la paternité, présenta en 1832 vingt infanticides, ce qui donne *un* sur 125,000 habitants [3]; tandis que le grand-duché de Bade, pays limitrophe, qui a les mêmes mœurs, le même sol et le même climat, mais qui suit le principe de notre Code civil, n'offre, pendant une série de sept années (de 1829 à 1835) qu'une moyenne de six infanticides par an, ce qui, sur une population de 1,200,000 âmes, donne *un* infanticide sur 200,000 habitants ; et si on ne voulait avoir égard qu'aux condamnations, la moyenne, pendant ces sept ans, ne serait que de 4 1/7, ou *un* infanticide sur 289,655 habitants [4].

Un ancien ministre de la Prusse a comparé, dans le même but, les provinces de ce royaume qui admettent

---

[1] Selon le recensement fait en 1836.

[2] Remacle, p. 225, s.

[3] Memminger's Jahrbücher, année 1832, p. 80.

[4] Rapports officiels de la justice crim. dans le grand-duché de Bade. (Zachariæ, dans le *Krit. Zeitschrift*, X, p. 41, s.)

ou interdisent la recherche[1], et prenant deux provinces
d'une population à peu près égale, la Silésie et la Prusse
rhénane, il a trouvé que, pendant un espace de trois
ans (de 1828 à 1830), la première de ces provinces a
donné cinquante-deux infanticides, tandis que l'on n'a
compté dans la province du Rhin que trente-six cas, sur
lesquels il n'y en a eu que seize où la mère ait été jugée
coupable.

Ces faits prouvent d'une manière irrécusable, que le
crime d'infanticide n'est pas plus fréquent sous le ré-
régime qui interdit la recherche, que sous celui qui
l'admet.

La question des expositions, c'est-à-dire des enfants
abandonnés, est plus complexe, car le nombre de ceux-ci
dépend de beaucoup d'autres causes exerçant une bien
plus grande influence, que la disposition législative
qui permet ou qui interdit la recherche de la paternité.
Parmi ces causes, il suffit d'en nommer deux : les hospices d'enfants trouvés et les tours[2], qu'on a comparés à
juste titre à la taxe des pauvres levée en Angleterre :

---

[1] M. de Kamptz, dans les Annales de la législat. prussienne, cah. 87,
p. 40.

[2] Comme le cadre de notre Essai ne nous permet pas de nous
occuper des causes qui augmentent ou diminuent le nombre des
enfants trouvés, nous renvoyons, pour les effets pernicieux des hospices et des tours, aux ouvrages suivants : DUCPÉTIAUX, Des modifications à introduire dans la législation relative aux enfants trouvés
en Belgique. Bruxelles, 1834.—Dr GOUROFF, Recherches sur les enfants trouvés. Paris, 1839.—REMACLE, Des hospices d'enfants trouvés en Europe, et principalement en France. (Cet auteur se prononce
pour les hospices, mais *contre* les tours.) Paris, 1838. — *V.* aussi le
rapport fait au roi par le ministre de l'intérieur en Belgique.
Bruxelles, 1841, p. 107, s.

institués pour remédier à un mal, ils ne font que l'aggraver [1].

M. Benoiston de Châteauneuf, dans ses *Considérations sur les enfants trouvés*, p. 29, a produit des chiffres relatifs à la ville de Paris, qui, tout en constatant l'augmentation incessante des enfants trouvés et abandonnés, présentent néanmoins une diminution remarquable à l'époque où on a introduit chez nous les nouvelles lois sur la recherche de la paternité. Ces recherches s'étendent sur plus d'un siècle :

Nombre des enfants abandonnés sur 100 naissances.

Ancienne législation		Nouvelle législation	
De 1710 à 1720.	9,73	De 1790 à 1800.	17,69
1720 à 1730.	11,37	1800 à 1810.	20,95
1730 à 1740.	14,48	1810 à 1820.	22,88
1740 à 1750.	18,21		
1750 à 1760.	23,71		
1760 à 1770.	30,75		
1770 à 1780.	33,06		
1780 à 1790.	28,70		

Nous empruntons au même auteur la table suivante, qui présente le nombre des enfants trouvés dans la plupart des capitales de l'Europe. Ce qui doit frapper dans ces chiffres, c'est que les villes de Paris et de Bruxelles, qui donnent le moins d'enfants trouvés, sont précisément celles qui vivent sous le régime qui interdit la recherche de la paternité.

---

[1] Ducpétiaux, Des modifications à introduire dans la législation relative aux enfants trouvés en Belgique. Bruxelles 1834. p. 11.

Villes.	Années.	Enfants trouvés sur 100 naissances.
Pétersbourg. . .	1820	45,00
Moscou.	—	27,94
Rome.	1801-1807	27,90
Lisbonne.	1815-1819	26,28
Madrid.	—	25,58
Vienne.	1815-1821	23,43
Paris.	1815-1821	20,91
Bruxelles. . . .	1816-1821	14,68

En dehors des hospices et des tours, la misère est encore une cause puissante qui influe sur les abandons. « Ne faisons pas, s'écrie M. de Châteauneuf, la nature humaine plus méchante qu'elle ne l'est en effet; croyons que la misère arrache au moins à leurs mères autant d'enfants que le libertinage; » et en effet, il constate que dans les provinces pauvres de la France, telles que l'Orléanais, l'Auvergne, le Limousin, la Manche, le Bourbonnais, le rapport des enfants abandonnés avec les naissances était de trois, quatre, cinq pour cent, tandis qu'il ne dépassait pas un ou deux pour cent dans les provinces riches, telles que l'Alsace, la Lorraine, la Bretagne, la Normandie, la Franche-Comté. Ces faits se trouvent confirmés par les recherches faites par M. de Villeneuve-Bargemont dans son *Économie politique chrétienne*. Cet auteur a divisé la France, sous le rapport de la richesse, en trois zones, et le nombre des enfants trouvés suit exactement le nombre des indigents compris dans les différentes zones :

Zone souffrante.

Vingt départements. { 10,062,769 habitants. / 770,626 indigents. } Soit 1 sur 15.

Rapport des enfants trouvés à la population : 1 sur 345.

Zone moyenne.

Trente-huit départements. { 13,043,514 habitants. / 550,235 indigents. } Soit 1 sur 23.

Rapport des enfants trouvés à la population : 1 sur 488.

Zone favorisée.

Vingt-huit départements. { 8,774,391 habitants. / 265,480 indigents. } Soit 1 sur 37.

Rapport des enfants trouvés à la population : 1 sur 601.

De même le paupérisme a été reconnu comme un des motifs incessants qui augmentent les naissances illégitimes, dans l'enquête officielle sur le paupérisme dans le canton de Vaud, et le rapport fait à ce sujet au conseil d'État en 1841.

On a constaté également que les années de disette et la cherté des grains font considérablement augmenter le nombre des enfants abandonnés ; les époques de 1709, de 1742-1748, de 1770-1776 et de 1816 en font foi. A chacune de ces époques, les enfants abandonnés augmentèrent d'une manière frappante : la disette de 1816 amena une augmentation de 5,000 enfants abandonnés en France[1].

L'influence du système qui régit la recherche de la paternité sur les expositions et les abandons des nouveau-nés disparaît ainsi sous l'influence beaucoup plus grande d'autres causes ; pour en fournir un exemple, on n'a qu'à jeter les yeux sur la différence entre le nombre des enfants trouvés dans des pays régis par la même législation relativement à la recherche de la pa-

---

[1] Remacle, p. 170, s.

ternité, par exemple, en France et en Belgique [1];
ou dans les provinces ou départements d'un même
pays [2].

Au premier abord, on n'hésitera pas à conclure que
les reconnaissances des enfants nés hors mariage par
leur père naturel doivent être bien plus fréquentes dans
les pays où celui-ci peut être contraint par la loi à
reconnaître son enfant, que là où cet acte dépend de sa
pure volonté. Cependant des hommes consciencieux ont
appelé l'attention des publicistes sur le chiffre peu important que présentent d'un côté les demandes en reconnaissance, comparé avec le nombre des naissances
illégitimes ; et d'un autre côté sur le grand nombre de
reconnaissances volontaires, et même de légitimations,
dans les pays où la recherche de la paternité est interdite.

D'après l'aveu d'un fonctionnaire prussien [3], les
reconnaissances volontaires et les légitimations par
mariage sont très-fréquentes dans la Prusse rhénane ;
ainsi, de 1828 à 1830, il est né dans l'arrondissement de
Cologne 301 enfants naturels, dont 189, ce qui est plus
de la moitié, furent légitimés par mariage.

Le même fait se reproduit dans le grand-duché de
Bade. Un ecclésiastique de ce pays a communiqué à

---

[1] *V.* QUETELET, Essai de physique sociale, I, p. 236-37.

[2] *V.* pour les provinces belges, Quetelet, I, p. 237. Pour les
dép. français, Remacle, p. 167, s.

[3] M. Lombard, dans les Annales de la législation prussienne de
M. de Kamptz, cab. 87, p. 40.

M. le professeur Zachariæ de Heidelberg[1] ses observations sur l'importante augmentation qu'avaient subie les
reconnaissances et les légitimations des enfants nés hors
mariage, depuis que la recherche de la paternité avait
été interdite dans le pays de Bade. M. Zachariæ a puisé
de même dans l'Annuaire du bureau des longitudes, des
renseignements d'où il résulterait, que le nombre des
reconnaissances et des légitimations, pour la ville de
Paris, allait en s'augmentant, mais l'illustre professeur
reconnaît lui même que ces données statistiques, comme
en général celles qui devraient corroborer la thèse principale, sont encore très-insuffisantes[2]; il ajoute d'ailleurs
des observations judicieuses sur la cause qui produit
ces effets. Là où la mère ne peut agir par voie de droit,
elle s'efforcera plutôt à obtenir la reconnaissance ou la
légitimation de ses enfants par les armes et les moyens
que la nature a donnés à la femme pour vaincre le sexe
le plus fort. L'homme, de son côté, remplit plutôt par un
sentiment d'honneur une obligation à laquelle il sait ne
pas pouvoir être forcé par la voie du droit. Enfin, peu
de femmes intentent l'action en déclaration de paternité,
soit à cause des chances de ce procès, soit à cause de la
déconsidération que la publicité de leur infortune rend
inévitable.

§ 5. Considérations générales sur les véritables causes qui augmentent le nombre
des naissances illégitimes, ainsi que sur la condition, l'avenir et la mortalité
des enfants naturels.

Parmi les maux que notre organisation sociale actuelle
porte dans son sein, l'augmentation incessante du

---

[1] V. *Kritische Zeitschrift*, vol. X, p. 43.
[2] *Ibidem*.

nombre des enfants nés hors mariage occupe une place importante.

Cette maladie sociale se révèle dans tous les pays de l'Europe, mais pour ne pas surcharger de chiffres cet essai, nous nous bornerons à constater cette augmentation continue en France.

M. Remacle[1], qui a puisé à des sources authentiques, donne les chiffres suivants :

En 1784, le nombre des enfants trouvés en France était de 40.000
En 1798, — — — — 51,000
En 1809, — — — — 69,000
En 1815, — — — — 84,000
En 1821, — — — — 105,000
En 1825, — — — — 117,305
En 1833, — — — — 127,507

Cette progression est vraiment effrayante, car en moins de cinquante ans, le nombre a plus que triplé. Aussi les conseils généraux de nos départements s'alarment-ils de cette charge toujours croissante ; quelques-uns ont même calculé, qu'à telle époque tous les fonds de leur département seraient absorbés par le service des enfants trouvés.

Qu'on ne nous objecte pas, que nous n'avons présenté que des faits concernant les enfants *trouvés*, et que ceux-ci ne sont pas tous nés hors mariage, car il est bien reconnu, que la très-grande majorité des enfants *trouvés* se compose d'enfants *illégitimes*. On a calculé qu'à Paris et dans la plupart de nos départements, un dixième seulement des enfants-trouvés ap-

---

[1] Page 77, s. — En Belgique le même fait se présente. *V.* le rapport présenté au roi par le ministre de l'intérieur. Bruxelles, 1841, p. 115.

partient à la classe des enfants légitimes [1]. Et puis ne perdons pas de vue, que le nombre des enfants *trouvés* ne comprend pas tous les enfants *illégitimes*, puisqu'il va sans dire qu'on n'expose pas tous les enfants nés hors mariage. Le rapport des expositions aux naissances illégitimes a été en France, pendant une période de dix années (de 1824 à 1833), de *un* sur *deux* [2]; ainsi on peut poser comme un fait, que le nombre total des naissances illégitimes est le double de celui qu'on trouve pour les enfants trouvés. La table que nous avons donnée plus haut, ne tend donc certainement pas à exagérer le nombre des naissances illégitimes.

Des institutions, dont l'utilité ne saurait être remise en doute, contribuent cependant d'une manière très-énergique à alimenter cette lèpre sociale. Ainsi les armées permanentes, les grandes fabriques, l'augmentation de la population, ou telle forme adoptée par la charité publique pour secourir les enfants abandonnés par leurs parents, sont des causes incessantes qui augmentent le nombre des naissances illégitimes. On dirait même, que la différence des professions n'est pas sans influence, car on a remarqué que, dans les villes où l'industrie occupe la plus grande partie des bras, le nombre des enfants illégitimes est de beaucoup supérieur à celui qu'on trouve dans les campagnes. Les rapports officiels fournis par l'administration belge sur l'année 1840, donnent des preuves irréfragables à cet égard. Dans la province d'Anvers, il y a eu dans les villes un enfant illégitime sur quatre naissances, tandis que dans la campagne ce rapport était de un sur trente-

---

[1] Remacle, p. 190.
[2] Remacle, p. 146.

deux. Dans le Brabant, il était dans les villes d'un sur quatre, dans la campagne d'un sur dix-sept. Dans la Flandre occidentale, le rapport était d'un sur quatorze dans les villes, et d'un sur trente-deux dans la campagne.

Parmi les dispositions législatives qui influent d'une manière plus ou moins directe sur l'accroissement des unions et des naissances illégitimes, les lois qui règlent le droit d'établissement dans le pays ou dans la commune, et celles relatives à l'industrie, méritent une attention toute particulière.

Là où les lois accumulent les difficultés pour l'acquisition d'un domicile légal, ce qui est un moyen indirect de gêner les mariages du peuple, les individus des deux sexes vivent dans une grande intimité sans pouvoir s'épouser, et le nombre des enfants naturels en sera nécessairement augmenté. De même, quand la législation s'oppose à la liberté de l'industrie, et que les ouvriers ne peuvent devenir maîtres à cause des entraves que la loi leur oppose, les unions illégitimes des sexes se multiplient. Ce qui explique ce fait étonnant, que partout où l'interdiction de la recherche de la paternité est établie, le nombre des enfants naturels est moindre que dans les pays qui l'autorisent, c'est que tous les pays qui suivent la législation française sur ce point, admettent en même temps la liberté complète de l'industrie, tandis que les pays qui autorisent la recherche, suivent presque tous l'ancien système restrictif de l'industrie. En Prusse et en Bavière, on attribue unanimement à cette cause la grande disproportion qui existe sous ce rapport entre les provinces régies par le droit allemand, et celles qui suivent la législation française [1].

---

[1] D'un autre côté, la tolérance des prostituées est une cause qui

Cependant M. Benoiston de Châteauneuf, dans ses *Considérations sur les enfants trouvés*, est allé trop loin, en voulant même attribuer en France le grand nombre des liaisons illégales à ce qu'il appelle les entraves que les lois actuelles ont mises au mariage, savoir : la multitude d'actes qu'elles exigent, et qu'il est souvent impossible de se procurer, ainsi que les frais que ces actes coûtent. Il y a évidemment de l'exagération à regarder comme des entraves au mariage, les règles que le législateur a dû établir pour assurer la légitimité du lien et celle des enfants qui en naîtront. Il est malheureusement vrai que de pauvres et honnêtes ouvriers sont retenus quelquefois dans le concubinage, faute de pouvoir se procurer la faible somme nécessaire pour régulariser leur position; mais l'expédition gratuite des actes nécessaires aux véritables indigents est un remède suffisant pour ces cas exceptionnels.

En résumé, nous voyons que les lois ne peuvent influer que comme causes accidentelles, sur l'augmentation ou la diminution des naissances illégitimes, c'est-à-dire qu'elles sont des causes modificatives, et non des causes génératrices, de cette maladie sociale. Parmi ces dernières, il faut ranger d'abord les mêmes causes générales

---

influe d'une manière très-positive sur les naissances illégitimes; là où l'appétit sensuel peut facilement être satisfait dans le commerce avec les filles publiques, on contracte moins le lien du concubinage. Comme je m'adressais un jour à un habitant de Munich, homme de bon sens, pour m'éclairer sur les causes de ce nombre effrayant d'enfants illégitimes que présente sa ville natale (*V*. plus haut, § 1, p. 121), il m'assigna les motifs suivants : 1° Le grand nombre de soldats et d'étudiants; 2° les entraves mises au libre établissement et à l'industrie; 3° l'absence de maisons de tolérance, d'autant plus nécessaires dans une ville qui contient tant de célibataires.

qui produisent toutes les perturbations sociales, savoir : la misère et le défaut d'instruction morale ; ensuite deux autres causes spéciales, le libertinage et la passion du luxe et de la parure chez les femmes.

Par conséquent, aussi longtemps qu'il y aura de la misère, de l'ignorance, du libertinage (et il y en aura toujours), aussi longtemps que la nature de la femme ne sera pas changée (et nous n'y croyons pas de sitôt), aussi longtemps il y aura des enfants qui naîtront hors le lien sacré du mariage. Amoindrir l'effet des causes génératrices, et supprimer autant que possible les causes accidentelles de cette maladie sociale, est le seul but que l'homme d'État et le publiciste puissent raisonnablement se proposer.

En effet, le sort de ces malheureux mis dans le monde par ceux même qui les abandonnent, est bien misérable. Cette tendre plante, que nous nommons homme, veut être soignée et caressée dès le premier moment de son existence. Enfant, elle ne peut se passer des soins d'une mère ; dans la jeunesse, il lui faut les conseils et l'assistance d'un père ; toujours l'exemple de la vie de famille. Aussi l'enfant naturel, qui est presque toujours privé de ces inappréciables avantages, est exposé plus que tout autre à toutes les calamités physiques et morales, qui affligent notre espèce. Il en est même déjà frappé avant sa naissance, car il est constaté que, parmi les enfants mort-nés, les deux tiers sont le fruit du libertinage.

Il y a même des localités où cette disproportion est encore plus frappante. A Gœttingue, sur cent naissances, on a compté trois mort-nés parmi les enfants légitimes, et quinze parmi les naissances illégitimes. A Berlin, pendant la moitié du dernier siècle, le nombre des mort-nés a été trois fois plus grand parmi les derniers que parmi les enfants légitimes[1].

La mortalité dans les premières années n'est pas moins affligeante, et en général les neuf dixièmes des enfants naturels meurent avant d'arriver à l'âge mûr[2].

D'après des données authentiques[3], le rapport des enfants morts avant l'âge de quinze ans était à Berlin, de 1813 à 1822, comme il suit :

<blockquote>
Pour les enfants légitimes,   de un sur 2,5.
Pour les enfants illégitimes,   de un sur 1,9.
</blockquote>

C'est que rien ne peut remplacer les soins d'une mère, et quelles que soient la vigilance et la bonne tenue des établissements destinés à recueillir ces faibles créatures abandonnées de leurs parents, la mortalité qu'on y rencontre est effrayante.

Dans plusieurs parties de la France, la mortalité des enfants trouvés est de 33 pour 100, tandis que celle des enfants élevés dans leur famille n'est que de 10 pour 100 à 20 pour 100[4]. A Paris, d'après les recherches de l'infatigable docteur Villermé, pendant les années 1817 à 1821, les deux tiers des enfants recueillis dans les hospices, moururent dans la première année, et sur mille individus il n'y en eut que 22 qui atteignirent leur douzième année.

---

[1] Casper, Ueber die Sterblichkeit der Kinder in Berlin. Berlin, 1825.

[2] Quetelet, Essai de physique sociale, I, p. 231. Remacle, p. 276, Benoiston de Chateauneuf, Considérations sur les enfants trouvés, p. 76.

[3] Casper, p. 173.

[4] Revue encyclopédique, vol. LX, p. 251.

D'après d'autres renseignements[1], qui s'étendent sur un plus grand nombre d'années, les hospices de Paris ont reçu, de 1816 à 1835, 103,189 enfants, dont 80,764 sont morts pendant cette même période, ce qui porte les décès à 4 sur 5[2].

A Dublin, au bout de vingt ans, sur 19,420 enfants reçus dans les hospices, il n'en vivait plus que 2,000, et 7,000 seulement à Moscou sur 37,600 enfants reçus. A Madrid, il mourut en 1817 les deux tiers des enfants trouvés; à Bruxelles, de 1812 à 1817, 79 pour 100; à Vienne, en 1811, 92 pour 100[3].

Enfin, échappés aux dangers d'une mortalité aussi effrayante, un triste avenir attend ces êtres infortunés, sans famille, et comme exclus de la société. Dans l'antiquité, le bâtard est souvent représenté comme le fondateur de nouveaux peuples : la société lui contestait une patrie, il en fondait une nouvelle[4]. «Sa vie, dit le poétique Michelet[5], dans l'antiquité et au moyen âge, est généralement errante, aventureuse. Elle semble souvent une protestation héroïque contre l'ordre social qui l'a proscrit à sa naissance. L'histoire des bâtards serait longue depuis Hercule et Romulus jusqu'aux bâtards si fortement esquissés par Shakespeare dans le roi Lear et le roi Jean, jusqu'au bâtard Dunois, jusqu'à ce bâtard

---

[1] Kemacle, p. 82.

[2] V. sur la mortalité des enfants trouvés, M. de Gouroff, Recherches sur les enfants trouvés. Paris, 1839.

[3] Quetelet, I, p. 234.

[4] On se rappelle involontairement la ville de Parthénopie en Ischie, fondée par les bâtards de Sparte, et Guillaume le Bâtard, le fondateur de la dynastie normande en Angleterre.

[5] Origines du droit français. Paris, 1837, p. 409.

10

de François Ier, qui s'obstinait si plaisamment à être pendu. »

Mais les temps héroïques sont passés, et dans notre siècle de prose et de positivisme, l'homme qui proteste contre l'ordre social n'est plus un héros, mais un criminel ; il n'appartient plus à l'épopée, mais à la cour d'assises.

Aussi des observateurs attentifs ont signalé le grand nombre d'individus nés hors mariage parmi les criminels [1]. M. Ducpétiaux, inspecteur des prisons belges, a constaté que, durant une période de dix années (de 1824 à 1833), sur 16,873 condamnés écroués, il y avait 591 enfants illégitimes. A Paris, sur sept prostituées il y a une fille naturelle, et cette proportion serait encore plus forte si on pouvait constater l'état civil de toutes ces infortunées [2].

Nous ne poursuivons donc pas seulement un but d'humanité et de morale, en tâchant de diminuer le nombre des naissances illégitimes, et d'améliorer le sort des individus nés hors mariage, mais nous visons en même temps à un but essentiellement utile à la société, en cherchant à la guérir d'un mal qui, par le nombre des causes auxquelles il tient, est d'autant plus difficile à déraciner.

---

[1] MITTERMAIER, Revue Germanique, oct. 1835, p. 83.

[2] V. Ed. Charton, dans la Revue encyclopédique, LX, p. 163.

ERRATA.

Page   3, note   2, *lisez* : Gentoo , *au lieu de* : Gentov.
  —   6, —   1, *lisez* : Gentoo , *au lieu de* : Gentov.
  —   6, —   2, *lisez* : Selden , *au lieu de* : Seldan.
  —   8, ligne 15, *lisez* : Νόθου , *au lieu de* : Νόθον.
  —   —   —   16, *lisez* : ὁσίων , *au lieu de* : οσιων.
  —   —   —   24, *lisez* : Νόθῳ , *au lieu de* : Νόθω.
  —   —   —   — *lisez* : ἐγγιστείαν , *au lieu de* : ἐγγιστίαν.
  —   —   —   25, *lisez* : ἐγγυτάτω , *au lieu de* : ἐγγοτάτω.
  —   —   —   — *lisez* : τείναι , *au lieu de* : τεινοι.
  —   —   —   — *lisez* : χρημάτων , *au lieu de* : γρημάτων.
  —   9, note   1, *lisez* : Beitræge , *au lieu de* : Beitrage.
  —   —   —   2, *lisez* : Das Erbrecht , *au lieu de* : Das in Erbrecht.
  —   11, ligne 11, *lisez* : παλλακίς , *au lieu de* : παλλακίς.
  —   12, —   5, *lisez* : monogame , *au lieu de* : homogéne.
  —   —   —   14, *lisez* : toute , *au lieu de* : tout.
  —   34, —   3, *lisez* : parmi , *au lieu de* : dans.
  —   35, note   1, *lisez* : heroica , *au lieu de* : hercica.
  —   — ligne 19, *lisez* : sa première , *au lieu de* : la première.
  —   37, note   3, *lisez* : durch , *au lieu de* : dorch.
  —   39, ligne   8, *lisez* : dans d'autres , le , *au lieu de* : dans d'autres le.
  —   44, note   2, *lisez* : Van der Keessel , *au lieu de* : Van der Kessel.
  —   55, —   — *lisez* : revint au système germanique , *au lieu de* : revint
               du système germanique.
  —   61, ligne   2, *lisez* : mantelkinderen , *au lieu de* : mantilkinderer.
  —   62, note   1, *lisez* : Sect. I. *au lieu de* : Sect. II.
  —   — ligne   3, *lisez* : bastardia , *au lieu de* : bastardie.
  —   —   —   8, *lisez* : successoraux , *au lieu de* : successifs.
  —   —   —   16, *lisez* : successoral , *au lieu de* : successif.
  —   —   —   21, *lisez* : du , *au lieu de* : de.
  —   64, —   9, *lisez* : d'aliments , *au lieu de* : d'aliment.
  —   65, note   2, *lisez* : § 2 , *au lieu de* : § 6.
  —   67, ligne 10, *lisez* : celles , *au lieu de* : celle.
  —   —   —   12, *lisez* : de celui que nous avons décrit , *au lieu de* : ceux
               que nous avons décrits.
  —   —   —   21, *lisez* : Gunnlang-Saga , *au lieu de* : Gunulang-Saga.
  —   —   —   27, *lisez* : le mundium , *au lieu de* : la mundium.
  —   — note   1, *lisez* : Niais-Saga , *au lieu de* : Niels-Saga.
  —   —   —   2, *lisez* : Schlegelii , *au lieu de* : Schligelii.
  —   69, —   3, *lisez* : af gamle Norske Love , *au lieu de* : of gamle
               Norske Low.

Page 60, note 5, *lisez :* Hafniæ , *au lieu de :* Hafriæ.

— 71, —   1, *lisez :* Samling af Sweriges gamla Lagar , utgifven af
Dr. H. S. Collin och Dr. C. J. Schlyter, *au lieu de :*
Samling of sweriges gamla Lagor, utgifven of Dr. K.
S. Collin, etc.

— 72, —   1, *lisez :* Gem. deutsches Privatrecht , *au lieu de :* Gen
deutsches Prwotrecht.

— 73, ligne 14, *lisez :* de la Norvége, *au lieu de :* de l'île de la Norvége.

— — —   15, *lisez :* que ce mode , *au lieu de :* que le mode.

— — note 4, *lisez :* Paus, *au lieu de :* Pans.

— 74, —   5, *lisez :* Macielowski, *au lieu de :* Macielowsk.

— — —   — *lisez :* Varsov, *au lieu de :* Varsorv.

— 75, ligne 17, *lisez :* Schaffarick , *au lieu de :* Schaffarich.

— 76, —   21, *lisez :* Ruska, *au lieu de :* Ruswa.

— 77, —   5, *lisez :* punie, *au lieu de :* jurée.

— — note 2, *lisez :* De Gouroff, *au lieu de :* D. Gouroff.

— 82, —   1, *lisez :* Beiträge, *au lieu de :* Beitrage.

— 87, ligne 10, *lisez :* ont , *au lieu de :* on.

— 90, —   18, *lisez :* de la paternité ; si , *au lieu de :* de la paternité si.

— — —   22, *lisez :* décédé , *au lieu de :* décédé.

— 104, —   19, *lisez :* les enfants , *au lieu de :* ces enfants.

— 107, note 1, *lisez :* Penny Encyclopædia , *au lieu de :* Penny Cyclopædia.

— 109, ligne 9, *lisez :* § 5, *au lieu de :* § 4.

— 112, note 3, *lisez :* part. I , § 6, sect. IV. *au lieu de :* part. I, § 5
sect. V.

PARIS. — IMPRIMERIE DE PAIN ET THUNOT,
IMPRIMEURS DE L'UNIVERSITÉ ROYALE DE FRANCE,
Rue Racine 28 près de l'Odéon.

Prix 7 Frcs.

Comment

devenir énergique?

Introduction complète à l'éducation personnelle

pour

acquérir énergie et activité.

Par le

Docteur **W. Gebhardt.**

95 me mille.

LEIPZIG
Modern-Medizinischer Verlag
F. W. Gloeckner & Co.